基于"互联网+"的
物流客户服务研究

汪利虹　著

吉林出版集团股份有限公司
全国百佳图书出版单位

图书在版编目（ＣＩＰ）数据

基于"互联网+"的物流客户服务研究/汪利虹著
.-- 长春:吉林出版集团股份有限公司, 2019.11
ISBN 978-7-5581-7890-0

Ⅰ.①基… Ⅱ.①汪… Ⅲ.①物资企业—客户—销售服务—研究 Ⅳ.① F253

中国版本图书馆 CIP 数据核字（2019）第 248645 号

基于"互联网+"的物流客户服务研究
JIYU HULIANWANG + DE WULIU KEHU FUWU YANJIU

著　　者	汪利虹	
责任编辑	冯　雪	
封面设计	崔　蕾	
出　　版	吉林出版集团股份有限公司	
发　　行	吉林出版集团社科图书有限公司	
电　　话	0431-81629712	
印　　刷	北京亚吉飞数码科技有限公司	
开　　本	787mm×1092mm　1/16	
字　　数	194 千	
印　　张	15	
版　　次	2020 年 3 月第 1 版	
印　　次	2020 年 3 月第 1 次印刷	
书　　号	ISBN 978-7-5581-7890-0	
定　　价	58.00 元	

如发现印装质量问题，影响阅读，请与印刷厂联系调换。

前　言

　　"互联网+"与各行业的深入融合给物流业带来了极大的机遇和挑战。组织提供的客户服务水平,直接影响它的市场份额、物流总成本,并最终影响其整体利润。如果客户流失率降低 5%,则利润率就可能有显著的增长,也许达到每年 60%~95%(Lambert & Stock,2008)。因此,如何对企业现有的物流客户服务进行分析和评价,进而为客户提供优质服务显得尤为重要。然而,物流活动的多样性、复杂性以及经营管理主体的多方性,决定了物流客户服务绩效及质量评价指标的多维性。所以,如何选择合理的指标和方法对于正确衡量物流客户服务绩效及质量具有重要的意义。赖克尔德和萨塞研究发现当客户忠诚度上升 5% 时,利润上升的幅度将达到 25%~85%。物流客户服务水平多大程度上影响着客户忠诚度目前鲜见文献对其进行深入研究。因此,本书对这两者之间的关系进行了进一步研究。同时,在"互联网+"背景下,当今市场的竞争已不再是企业与企业之间的竞争,而是供应链与供应链之间的竞争,物流客户服务不仅会对其客户企业产生各方面的影响,而且会对客户企业所处的供应链产生全方位的影响。基于此,本书提出从供应链视角研究"互联网+"背景下的物流客户服务的相关问题。主要研究内容和创新性成果总结如下:

　　第一,设计了基于供应链视角的物流客户服务绩效评价指标体系。应用德尔菲法甄选出时间、成本和质量作为一级指标,提出了更能体现供应链整体性的二级指标,如订单完成周期时间、成本分摊和完美订单满足率,对每个评价指标的含义及定性、定量指标进行了划分,并用模糊层次分析法对各评价指标的影响作用大小(即权重)进行了分析计算,得出了时间指标在供应链视角下物流客户服务绩效评价中的影响作用比成本指标和质量指标更为重要的结论。

第二,构建了基于供应链视角的物流客户服务绩效评价流程与控制机制。运用PDCA管理思想,本书设计了供应链视角下物流客户服务绩效评价流程,并提出了各个评价环节的控制要点:以供应链整体战略为起点,建立物流客户服务绩效目标体系;根据评价指标的性质和特点选择具体的评价方法;组织实施物流客户服务绩效评价;根据评价结果对评价系统进行持续改进。

第三,提出了物流服务与物流客户忠诚度之间的关系模型,并使用结构方程模型进行实证验证。研究结果表明:物流客户在物流服务发生前的服务期望与其对于物流服务的确认是负相关关系,而物流客户在物流服务发生后的服务感知会正向影响其对物流服务的确认,进而正向影响物流客户满意度,并最终对物流客户的忠诚度产生正向影响。

第四,对物流客户服务中不同领域的客户服务问题进行了实证研究。根据277份调研数据,运用主成分分析和SPSS统计分析等方法,研究了高校校园末端配送创新模式服务质量的影响因素。

作　者
2019 年 7 月

目 录

1 绪 论

1.1 选题背景与研究意义

1.1.1 选题背景

1. "互联网 +"计划的深入发展给物流业带来了机遇和挑战

"互联网 +"计划首次于 2015 年 3 月 5 日被李克强总理在十二届全国人大三次会议上的政府工作报告中提出后,得到了广泛关注。李克强说:"要推动互联网、大数据、云计算等信息技术与物流深度融合,推动物流业乃至中国经济的转型升级。这是物流业的'供给侧改革'。"这已经把"互联网 + 物流"上升到国家决策层面,不仅推动物流业发展,还推动整个中国经济的转型升级。目前,互联网已经展开了与传统产业的联合,在金融、教育、农业、零售业、医疗等行业取得了一定的成果。随着"互联网 +"与各行各业的深度融合,越来越多的企业瞄准了供应链物流业。2016 年国务院及国家有关部委为推动物流业降本增效及"互联网 + 高校物流"的落地出台了许多政策,大数据、云计算、物联网以及区块链等新兴智慧技术在物流行业的应用极大地推动物流企业信息化的快速发展。

在"互联网 +"行动的进一步拓展及电商的快速发展的同时给物流业带来了极大的机遇和挑战。2017 年规模以上快递业务量 400.56 亿件,同比增长 28%;快递业收入 4957.10 亿元,同比增长 23.10%。但同时 2017 年受理的投诉案件数同比增长 48.02%，尤其是下半年增速加快。其中零售电商类投诉占全部投诉 60.59%，生活服务电商占比 13.47%，跨境电商投诉占比 12.89%，互联网金融类占比 3.73%，物流快递占比 1.49%，其他（如 B2B 网络贸易、网络传销、网络诈骗等）占 7.83%。可见，目前物流快递业服务方面仍存在很多问题。

2. 物流客户服务水平决定了物流业的进一步发展

物流业以提供无形的物流服务来获取利润，这就决定了服务水平的竞争将成为物流市场竞争的焦点，也是制约物流业进一步发展的重要因素。良好的客户服务有助于保持和提升客户的忠诚度与满意度，客户服务的重要性在客户心目中甚至高过价格、质量及其他要素。

随着现代生产方式的变革和商业竞争的加剧，企业向客户提供的物流服务水平和质量越来越成为其追求利润的关键因素。因此，如何科学地对企业物流客户服务绩效进行分析和评价，以提升物流客户服务水平引起越来越多学者和企业高管的重视。但在市场竞争如此激烈的今天，良好的物流服务水平并不一定能留住客户，如何提高客户的黏性，物流客户服务与客户忠诚度之间的关系到底如何，也显得十分重要。

3. "互联网+"背景下的物流客户服务研究需从供应链视角出发

绩效评价是指组织或个体行为活动的效能进行科学测量和评定的程序、方法以及形式等的总称。绩效评价过程就是量化分析企业行为的效率和有效性的过程。早在 1985 年 Kearney 通过研究就得出了"进行综合绩效评价的公司可以提高总体生产率 14%～22%"的重要结论；Fawcett 和 Cooper（1998）指出由于绩效评价体系决定了组织的行为方式，并导致了一系列的竞争策略，因而物流绩效评价体系的建立对于改善客户服务水平起着至关重要的作用。开发和应用物流客户服务绩效评价体系主要目的在于追踪过去和正在进行的物流客户服务工作的绩效,发现物流客户服务工作中存在的缺陷和不足,并提出完善物流客户服务的策略与方法。

随着"互联网+"与各行业的深度融合发展,在今天这样一个因信息技术而紧密、方便的互联世界中(平的世界),全球市场、劳动力和产品都可以被整个世界共享,一切都有可能以最有效率和最低成本的方式实现(托马斯·弗里德曼,2015)。以往企业的竞争如同个人赛跑,成功企业像独来独往的马拉松选手,而平的世界中的竞争更像一场接力赛,选手的速度固然重要,但能否顺利交接棒同样重要(冯国经等,2009)。正如英国供应链管理专家马丁·克里斯托弗(Martin Christopher)在1992年指出的"市场上只有供应链而没有企业","21纪的竞争不是企业和企业之间的竞争,而是供应链和供应链之间的竞争"。因此,物流客户服务绩效评价也需要从供应链这个角度来研究。

综上所述,本书将采用供应链视角系统研究物流客户服务绩效评价问题,同时探讨物流客户服务和客户忠诚度之间的关系,并对"互联网+"背景下当前热门的快递领域中的高校快递末端配送创新模式的客户服务质量进行研究,试图进一步丰富物流客户服务相关理论。

1.1.2 研究意义

1.理论意义

许多学者对物流及供应链绩效评价进行了研究,但主要是探讨某一特定类型的企业或者某一行业的绩效指标体系和度量方法。关于物流客户服务绩效评价的研究较少,相关的研究也是从物流企业或者第三方物流服务商选择等单一视角进行,更鲜见结合"互联网+"背景,从供应链整体出发对物流客户服务绩效评价进行研究。另外,配送是本书结合"互联网+"背景,采用供应链视角系统研究物流客户服务绩效评价问题,同时研究客户服务与客户忠诚度的关系,并结合近几年大家关注的快递服务问题对高校快递末端配送质量进行了深入探讨。研究结论不仅将对已有的物流客户服务理论提供有效的补充,而且将进一步丰富和完善供应链物流管理理论。

2. 现实意义

Cagnazzo 等(2010)指出,在新经济形势下绩效测度体系是影响供应链物流企业不断创新的关键所在。同时,还应注意到企业向客户提供的物流服务的质量和水平越来越成为企业追求利润的关键因素。因此,如何对企业的物流客户服务绩效进行评价显得尤为重要。通过提供满足客户需求的各种物流活动,企业不仅能有效提升自身的竞争力,而且也能实现良好的客户满意度和企业业绩。所以如何对企业现有的物流客户服务进行分析和评价,进而为客户提供良好的服务变得越来越重要。然而物流活动的多样性、复杂性以及经营管理主体的多方性,决定了物流客户服务绩效评价指标的多维性,因而如何选择合理的指标和方法对于正确衡量物流客户服务绩效具有重要的意义。另外,"互联网+"背景下,当今市场的竞争已不再是企业与企业之间的竞争,而是供应链与供应链之间的竞争,物流客户服务不仅会对其客户企业产生各方面的影响,而且会对客户企业所处的供应链产生全方位的影响。因此本书首先从供应链视角研究物流客户服务绩效评价问题。但良好的客户水平并不一定能有很好的客户忠诚度,所以,需要对这两者之间的关系进行进一步研究。再者,配送质量是物流客户服务中大家越来越关注的问题,为此,本书选取了"互联网+"背景下高校末端配送的物流服务质量进行实证研究。本书的研究成果将运用于企业的实际运作过程,期望对提高企业物流客户服务水平提供参考和借鉴。

1.2　研究方法与技术路线

本书首先在文献研究的基础上建立基于供应链视角的物流客户服务绩效评价及提升策略的研究框架,阐述物流客户服务绩效评价的特点,并对各种绩效评价方法进行比较分析,然后确定适合物流客户服务绩效评价特点的评价方法。通过调查问卷和德尔菲法选取基于供应链视角的物流客户服务绩效评价的指标,并运用模糊层次分析法确立各指标的权重。借鉴 PDCA 循环法,构建供应链视角下物流客户服务绩效评价流程。以期望确认理论和服务质量(SERVQUAL)模型为基础,构建了物流服务与物流客户忠诚度之间的关系模型,并使用结构方程模型进行实证验证。最后提出提升物流客户服务绩效的策略。同时研究客户服务与客户忠诚度的关系,并结合近几年热门的快递配送质量问题对高校快递末端配送创新模式的服务质量进行了深入探讨。本书研究技术路线如图 1-1 所示,主要研究方法简述如下:

(1)文献研究。系统总结国内外关于物流客户服务绩效评价、物流客户服务满意度及物流客户服务质量的文献资料,准确把握该领域国内外研究成果和发展动态。

(2)问卷调查与统计分析。分别对国内相关专家、物流企业主要负责人以及直接获取物流服务的采购、销售等部门的员工、社区居民进行问卷调查,并对收集的数据进行统计分析,提出供应链视角下物流客户服务绩效评价的指标及相关权重,找寻物流客户服务及客户忠诚度之间的关系,以实际案例分析物流客户服务现状。

(3)定性分析与定量研究相结合。在前期研究文献资料的基础上初步提出基于供应链视角的物流客户服务绩效评价指标,通过问卷及访谈确定最终的评价指标,再运用模糊层次分析法确定指标权重。同时,利用问卷调查和结构方程模型确定物流客户服务和客户忠诚度之间的关系模型。关于高校快递末端配送创新模式的物流客户服务质量的研究主要采用问卷调查、主成分分析和SPSS统计分析等方法。

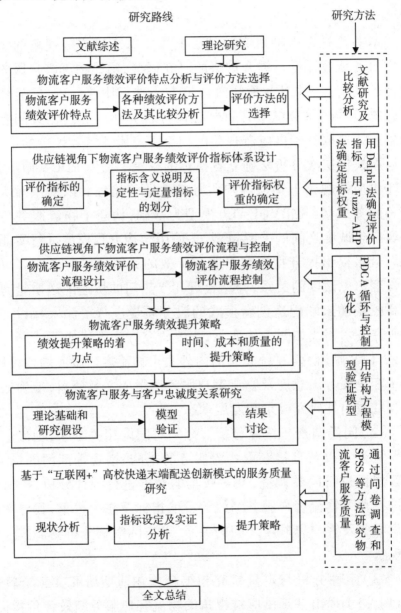

图1-1 本书研究技术路线

1.3 总体结构与主要内容

本书共分九章,总体结构如图1-2所示,主要内容简述如下:

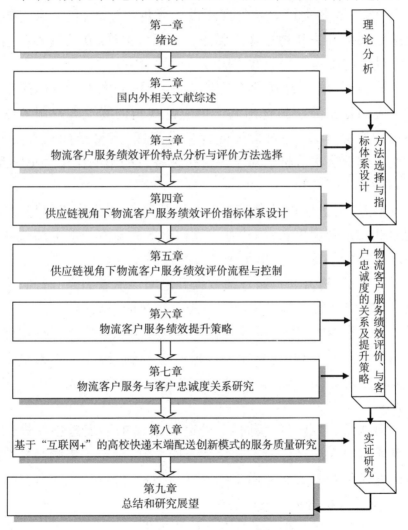

图 1-2 本书总体结构

第一章,绪论。主要阐述本书研究背景、研究视角以及研究的目的和意义,阐明研究方法与技术路线,并对本书总体结构与主要内容及主要创新点进行简要说明。

第二章,国内外相关文献综述。针对本书所要研究的问题,对国内外代表性研究文献进行系统总结与评述。

第三章,物流客户服务绩效评价特点分析与评价方法选择。首先分析物流客户服务特征及物流客户服务绩效评价应遵循的原则,然后对各类绩效评价方法进行分析与比较,包括供应链物流绩效评价方法和物流客户服务绩效评价方法,在此基础上选择适合供应链视角下物流客户服务绩效评价方法。

第四章,供应链视角下物流客户服务绩效评价指标体系设计。应用德尔菲法甄选出基于供应链视角的物流客户服务绩效评价的指标体系,并对指标的含义及定性、定量指标进行划分,再使用模糊层次分析法对于评价指标各自的影响作用大小(即权重)进行分析计算。

第五章,供应链视角下物流客户服务绩效评价流程与控制。借用 PDCA 管理思想,构建基于供应链的物流客户服务绩效评价的流程,并针对流程提出每个环节的控制要点。

第六章,物流客户服务绩效提升策略。从着力点、时间、成本和质量等方面提出提升物流客户服务绩效的策略。

第七章,物流客户服务与客户忠诚度关系研究。以期望确认理论和服务质量(SERVQUAL)模型为基础,构建了物流服务与物流客户忠诚度之间的关系模型,并使用结构方程模型进行实证验证。

第八章,基于"互联网+"的高校快递末端配送创新模式的服务质量研究。经过专家建议和查阅文献,确定了影响高校快递末端配送创新模式服务质量的维度与指标,并运用主成分分析和SPSS统计分析等方法进行验证。

第九章,总结和研究展望。总结本书研究内容及结论,并对进一步的研究工作进行展望。

1.4　主要创新点

相对于已有研究,本书的创新点主要体现在以下三个方面。

创新点一:在比较各类绩效评价方法的基础上提出适合基于"互联网+"的供应链视角下物流客户服务绩效评价特点的评价方法。

关于供应链物流绩效评价的研究,很重要的一个分支就是绩效评价方法方面。对此,学者们分别使用了数据包络分析(DEA)、层次分析法(AHP)、平衡记分卡(BSC)、主成分分析(PCA)和模糊综合评价(FCE)等对物流绩效评价进行研究(Min等,2005,2006;黄福华,2006;王鹏姬等,2003;方永美等,2011;于航等,2010;周静和孙健,2015;常峰等,2016;李守林等,2018)。在供应链绩效评价方面,采用结构方程模型(SEM)、BSC、AHP、DEA和仿真等方法(Garver和Mentzer,1999;马士华等,2002;El-Baz,2011;Narasimhan,2001;Ganeshan等,2001;戴君等,2015;何宜庆等,2016;孟虎等,2018;贾鹏和董洁,2018)。对于物流客户服务绩效评价方法的研究,Ellinger等(2008)在对问卷调查所收集的数据进行处理的基础上,提出将物流各项活动进行整合,有利于提高物流客户服务绩效,王文宾等(2006)采用的是Fuzzy-DEA方法,高健(2009)选用PCA,在大量统计数据中综合比较出各企业物流客户服务水平的程度的高低。

通过对文献的研究发现,物流客户服务绩效评价方法主要借用的是供应链绩效评价或者物流绩效评价方法,且多数文献并未阐述为什么用某种方法来评价。所以,本书在研究物流绩效评价方法时,首先分析物流客户服务绩效评价的特点,再对各种绩效评价方法进行具体阐述,并对其优缺点及适用范围加以比较分析,最后选择出适合物流客户服务绩效评价过程中所使用的方法:用问卷调查和德尔菲法(Delphi)确定评价指标,用模糊层次分析法（Fuzzy-AHP）确定评价指标的权重。

创新点二：构建基于"互联网+"的供应链视角下物流客户服务绩效评价指标体系。

在诸多物流客户服务评价指标中，Ballou（1992）提出的交易全过程论的影响较大，如赵培忻和赵庆祯（2003）就是在此基础上从交易前、交易中和交易后三个方面提出了一套评价指标。还有一些学者从影响物流客户服务水平因素的角度展开研究，如Korpela等（1998）从可靠性、柔性、客户关系三个物流服务的重要影响因素出发，构建起了较完整的评价指标体系；Lai等（2008）研究了基于信息化的协调理论机制对物流组织绩效水平的影响，特别是对物流成本及物流服务水平两大方面的绩效影响；Liu和Xu（2012）运用系统动力学方法分析影响物流外包的成本风险因子以及各因子之间的相互关系，并提出改进物流服务成本和物流服务水平的策略。

目前关于物流客户服务的研究多是从单个企业角度出发的。然而，Beamon（1999），Lambert等（2000），Gunasekaran等（2004）指出要重视供应链的整体绩效评价，强调物流绩效的评价应该从供应链角度出发，而不是单个企业或部门出发。学者们还指出要重视供应链中企业之间、企业与整体供应链之间绩效的相互影响（Bechtel等，1997）。周静和孙健（2015）构建了中国冷链物流企业的绩效评价指标体系；常峰等（2016）对医药物流企业构建了绩效评价指标体系。所以，对企业物流客户服务绩效的评价不应只从某一个方面展开，而应综合考虑多方利益，在供应链的背景下考察物流服务绩效问题，但目前的文献鲜见此方面的研究。因此，本书提出从供应链视角评价物流客户服务绩效问题，并给出提升供应链整体绩效的物流客户服务最佳的评价指标体系，其中订单完成周期时间、成本分摊、完美订单满足率等指标更能体现供应链整体性特点。

创新点三：设计基于PDCA循环的供应链视角下物流客户服务绩效评价流程，并针对流程提出每个环节的控制要点。

一些学者在研究供应链物流绩效评价后提出了绩效管理模式或者评价框架（赵林度，2007；李文静，2009），但对供应链物流客户服务绩效评价流程的研究并不多见。而在企业经营管理实践中，将 PDCA 循环运用于质量改进过程已有多年（Deming，1994；Jarvinen 等，1998；Gallagher 和 Smith，1997）。最近，又有学者将 PDCA 循环运用到管理控制的其他方面，如企业安全文化建设（Reniers 等，2011）以及医疗服务质量改进等（Chen 等，2006；Torkki 等，2006；Williams 和 Fallone，2008；Ersoy，2009；Jin 等，2011）。部分学者将 PDCA 循环运用到绩效管理流程的研究：Chang（2009）等构建了基于 PDCA 循环的涂料生产设施工艺安全管理系统的绩效评价指标体系；曹书民（2008）阐述了 PDCA 循环融入质量改进模型在企业绩效管理系统中的具体运用；周云飞（2009）从纵向分析政府绩效管理流程，构建基于 PDCA 循环的政府绩效管理流程模式；杨洁（2011）通过构建基于 PDCA 循环的内部控制综合评价指标，提出了综合评价内部控制有效性的研究方法和基本模型；林正平（2006）应用 PDCA 循环管理思想提出供应链环境下企业绩效系统化管理的 PIAM 模式，即绩效的 Plan- Implementation–Appraisal–Motivation 循环管理。

通过对文献的梳理，笔者发现将 PDCA 循环理论应用在供应链视角下物流客户服务绩效评价流程管理具有一定的理论基础和重要的现实意义，但鲜见学者对此进行深入研究。基于此，本书构建了基于 PDCA 循环管理思想的供应链视角下物流客户服务绩效评价流程与控制机制，并针对流程提出了每个环节的控制要点，包括评价方案设计控制、评价方案实施控制、评价结果控制和评价系统持续改进控制。

2 国内外相关文献综述

2.1 "互联网+"供应链物流研究

2.1.1 "互联网+"的研究

互联网自 1969 年问世至今已有 50 个年头,但真正普及不过 20 年。发达国家正在积极应对新一轮经济变革带来的挑战,纷纷鼓励信息技术变革和应用模式创新,美国的《先进制造业伙伴计划》及《网络空间国际战略》,英国的《信息经济战略 2013》等一系列行动计划和战略的提出与实施,旨在充分发挥信息技术领域的领先优势,加强在新兴科技领域的前瞻布局,以谋求抢占制高点、强化新优势。

1."互联网+"的含义

目前,对"互联网+"概念的理解存在很多版本。2015 年 7 月,国务院在《国务院关于积极推进"互联网+"行动的指导意见》中认为,"互联网+"是把互联网的创新成果与经济社会各领域深度融合,推动技术进步、效率提升和组织变革,提升实体经济创新力和生产力,形成更广泛的以互联网为基础设施和创新要素的经济社会发展新形态。国家发展和改革委员会在《关于 2014 年国民经济和社会发展计划执行情况与 2015 年国民经济和社会发展计划草案的报告》中,将其定义为:"互联网+"代表一种新的经济形态,即充分发挥互联网在生产要素配置中的优化和集成作用,将互联网的创新成果深度融合于经济社会各领域之中,提高实体经济创新力和生产力,形成更广泛的以互联网为基础设施和实现工具的经济发展新形态。企业界对"互联网+"也有一些具有代表性的定义。比如,最早在公开场合提出"互联网+"概念的易观国际董事长兼CEO于扬认为,未来"互联网+"应该是我们目前所在行业的产品和服务在与未来多屏全网跨平台用户场景结合之后产生的一种化学反应公式。例如,传统的广告加上互联网成就了百度;传统集市加上互联网成就了淘宝;传统百货卖场加上互联网成就了京东;传统银行加上互联网成就了支付宝;传统的安保服务加上互联网成就了360;而传统的红娘加上互联网成就了世纪佳缘。将"互联网+"概念发扬光大的腾讯董事会主席马化腾认为,"互联网+"是指利用互联网的平台、信息通信技术把互联网和包括传统行业在内的各行各业结合起来,从而在新领域创造一种新生态。阿里巴巴集团则认为,所谓"互联网+"就是指以互联网为主的一整套信息技术(包括移动互联网、云计算、大数据技术等)在经济、社会生活各部门的扩散应用过程。关于"互联网+"的内涵宁家骏(2015)指出,所谓"互联网+"是指以互联网为主的新一代信息技术(包括移动互联网、云计算、物联网、大数据等)在经济、社会生活各部门的扩散、应用与深度融合的过程,这将对人类经济社会产生巨大、深远而广泛的影响。"互联网+"的本质是传统产业的在线化、数据化。这种业务模式改变了以往仅仅封闭在某个部门或企业内部的传统模式,可以随时在产业上下游、协作主体之间以最低的成本流动和交换。

综上所述,"互联网+"代表着一种新的经济形态,它指的是依托互联网信息技术实现互联网与传统产业的联合,以优化生产要素、更新业务体系、重构商业模式等途径来完成经济转型和升级。简单地说,就是以互联网为基础设施和创新要素,促进信息通信技术与各行各业进行跨界融合。"互联网+"计划的目的在于充分发挥互联网的优势,将互联网与传统产业深度融合,以产业升级提升经济生产力,最后实现社会财富的增加。其中的"+"

后面可以是供应链、物流、运输、金融、教育、农业、零售业、医疗等,"互联网+"计划具体可分为两个层次的内容来表述。一方面,可以将"互联网+"概念中的文字"互联网"与符号代表着添加与联合。这表明了"互联网+"计划的应用范围为互联网与其他传统产业,它是针对不同产业间发展的一项新计划,应用手段则是通过互联网与传统产业进行联合和深度融合的方式进行;另一方面,"互联网+"作为一个整体概念,其深层意义是通过传统产业的互联网化完成产业升级。目前,在供应链物流、金融、教育、农业、零售业、医疗等行业,互联网已经展开了与传统产业的联合,并取得了一些成果。

2."互联网+"的特征

"互联网+"具有四个核心特征:新的基础设施、新的生产要素、新的社会空间和新的业态。(1)新的技术、先进的基础设施。云、网、端一体化的数字化、智能基础设施,云计算、移动互联、物联网以及3D打印、智能可穿戴技术等设备及工具为创新和发展提供了支撑;(2)新的生产要素。数据与信息资源已成为各行业最核心的资产,大数据的涌现不仅改变着人们的生活与工作方式、企业的运作模式,甚至还引起科学研究模式的根本性改变(王元卓等,2013);(3)新的社会空间。以互联网为基础,利用信息通信技术(ICT)与各领域、多维度的跨界融合,形成了互联互通的社会网络关系,虚拟世界与现实世界的边界越来越模糊;(4)新的业态体系。在互联网的影响下新体制、新机制、新分工在形成,随着电子信息技术和网络媒介的快速发展,信息的创造、复制和传播都在提速,使事物外爆的同时也在加速内爆(张天勇,2015;陈丽等,2016)。

互联网经济的特征表现为:一是用户至上;二是免费模式;三是体验为王。第一,用户至上:独特的游戏规则。在市场经济中,传统企业强调"顾客至上""客户是上帝",在这种二维经济中,商家只为付费的人群提供服务,买卖成交后这一关系就基本结束。而在互联网经济中,只要你使用我的产品或服务就是上帝,并且硬件成交不再是价值链中的唯一环节,而是变成了第一环。因此,互联网企业更崇尚"用客至上""用户是上帝"。一字之差道出了互联网经济独特的游戏规则。很多产品不仅不收费,而且质量也更好,因此吸引了越来越多的用户。如果企业不能汇聚海量用户,就很难建立起有效的商业模式。正如万维网创始人伯纳斯－李(T.Berners-Lee)所言,互联网是世人共享知识的媒介,要免费馈赠社会,为公众谋利;因为在"我成长中形成的核心价值是把赚钱放在恰当的位置",所以,在吸引用户上互联网公司总是绞尽脑汁,使出浑身解数;如果仍按传统营销思维处理问题就会在互联网领域中败下阵来。第二,免费模式:羊毛出在猪身上。传统企业只拥有一定数量的客户,遵循"羊毛出在羊身上"的原则,不赚钱就无法生存。如今互联网经济运行主要有三种方式:网络广告、电子商务和增值服务。其共同前提是拥有一个巨大而免费的用户群。互联网企业就像开商场,自己可以不经营,但虚拟网络却成了互联网公司与用户沟通的窗口。只要这个窗口存在,互联网公司就能创造出新的价值链。所以,互联网企业的这种运行模式也叫"羊毛出在猪身上"。例如,腾讯集团通过 QQ 赢得了众多用户,逐步获得社会认可,现已成为国内市值最大的互联网企业之一。因此,互联网经济的商业模式是"免费 + 长尾",即用核心业务免费吸引海量用户,以提高用户满意度来占领市场,用长尾效应来寻找新的高附加值的价值链。淘宝、微信、360,莫不如此。正如福克斯所言,用户在网上生产、消费和交换内容,与他人交流的时间越多,他们创造的商业价值就越高,网站的广告费就越高,互联网公司的利润也就越大。第三,体验为王:颠覆式创新理念。在传统交易中,商家与消费者之间的信息是不对称的。有了互联网,游戏规则发生了变化,人们的消费行为也随之改变。鼠标一点即可比价,用户有了更多的主动权和话语权。因此,颠覆式创新非常之多,概而言之:一是商业模式的颠覆,二是用户体验的创新。商业模式的颠覆前面已经提到,就是厂商设法降低利润空间,甚至把原来收费的项目变为免费。而用户体验的创新则要求厂商不断刷新产品设计理念,超出用户的心理预期。比如,Uber不仅为人们带来了安全舒适的出行方式,也缓解了城市交通拥堵。因此,在互联网时代,公司的产品质量和服务质量提升了,即使商家不做广告,消费者也愿意在网上分享并为商家免费做广告,甚至会引起轰动的社会效应。所以,"互联网"就是要通过互联网思维来降低两个门槛:费用的门槛和使用障碍的门槛。这两方面都做好了,就意味着你的网站或产品每天都在为你创造价值,这几乎成了知识社会的一条公理。

随着人们收入水平的提高,追求高性价比、高质量产品逐渐成为消费趋势,而互联网覆盖面积的不断扩大、技术的不断更新换代,恰恰迎合了该种消费趋势。互联网不断集聚各类商品,吸引着越来越多的消费者。它改变了消费者对待商品的传统观念,同时在线支付技术的不断完善,也促进了消费者网络购物习惯的生成。网络购物逐渐成为普及性的购物方式。基于"互联网+"的这些消费,协同促进了电子商务市场整体的快速增长。如今,基于"互联网+"的消费正在成为经济增长的重要推动力。"十三五"期间,确定消费主导型经济无疑是保持经济中高速增长的重大战略。"互联网+"背景下的消费模式完全不同于传统消费模式,对商品生产、市场流通、经营销售都产生了巨大的影响,合成了消费模式的新常态。(1)满足了消费需求,使消费具有互动性,互联网使得个性化"私人订制"成为可能。(2)优化了消费结构,使消费更具有合理性。消费借助于互联网的各种创新特点,使得消费者能够体验到与传统消费模式截然不同的感受,体验消费过程就与消费本身融为一体,体验中有消费,消费中蕴含体验。互联网逐渐培养了消费者享受快捷选择、快捷支付的舒适性,消费者也就逐渐习惯于互联网所提供的"唾手可得"和"无所不及"的精神享受。这种传统消费模式不能提供的体验使得消费已经进入了享受型和发展型消费的新阶段。同时,互联网信息有助于实现空间分散、时间错位之间的供需匹配,从而可以更好地提高供求双方的福利水平,优化升级人们的基本需求。(3)扩展了消费范围,使消费具有无边界性。传统消费由于时间、空间限制,在消费内容、消费时空上都有客观条件的限制,互联网消费由于成功运用了互联网技术,使得传统消费的时空限制趋于消失,形成了一种无边际消费模式。首先,消费者在商品服务的选择上是没有范围限制的;其次,互联网消费突破了空间的限制;再次,各种消费支撑技术得到了充分的发展,消费者的购买效率得到了充分的提高;最后,互联网提供信息是无边界的。(4)改变了消费行为,使消费具有分享性。从 AIDMA(Attention-Interest- desire-Memory-Action)诱发注意—激发兴趣—形成欲望—产生记忆—促成购买)到 AISAS(Attention-Interest-Search-Action-share)(诱发注意—激发兴趣—搜索商品—购买—分享)基于"互联网+"时代特点而重新构建的 AISAS 模式强调互联网技术的应用而着重突出了信息获取和信息分享环节。互联网的时效性、综合性、互动性和使用便利性使得消费者能方便地对商品的价格、性能、使用感受进行分享,消费者"货比三家"的困难程度被大大降低。这种信息体验对消费模式转型发挥着越来越重要的影响。(5)丰富了消费信息,使消费具有自主性。"互联网+"的消费时代最大限度地扩大了消费增量,盘活了消费存量,强化了消费者自由选择、自主消费的系列权益。

目前学者们对互联网与供应链物流、电子商务(聂林海,2015;李成钢,2015;林荷等,2015;成晨和丁冬,2016;张夏恒,2016;吴亦娇和赵子健,2017;刘川锋等,2018;等)、教育(詹青龙,2015;刘云生,2015;胡乐乐,2015;张岩,2016;余胜泉和王阿习,2016;陈丽,2016;陈丽等,2016;李小涛等,2016;杨剑飞,2016;余胜泉和汪晓凤,2017;郭宏伟,2017;刘佳,2017;张优良和尚俊杰,2018;史大胜等,2018;吴南中等,2018;等)、金融(郑志来,2015;何师元,2015;刘达,2016;周斌等,2017;湛泳和徐乐,2017;吴睿和邓金堂,2018;等)、农业(李国英,2015;赵芝俊和陈耀2015;杨继瑞等,2016;成晨和丁冬,2016;周绍东,2016；张晓雯等,2017；成德宁等,2017；阮荣平等,2017；杜松华,2017；李瑾等,2018；马晨和李瑾,2018；等)、零售业(郑志来,2015；郭燕等,2016；张琼,2016；高凯,2017；等)、医疗医药(李颖和孙长学,2016；张夏恒,2016；孙东东,2017；王敬琪,2017；张雪文等,2018；等)等行业的联合应用,做了不同程度的研究,实业界也取得了一些成果。

2.1.2 "互联网+"供应链的研究

"互联网+"的核心在于推动三大产业的供应链变革,实现智慧供应链。而智慧供应链创新可以从供应链管理核心三要素上体现:要素上形成六大能力体系;结构上建构信息治理;流程上实现决策智能化、运营可视化、组织生态化以及要素集成化等四个方面。

"互联网+"背景下,供应链呈现出新的模式:物流方面,由核心企业搭建平台,供应链节点企业深度合作,终端客户对上游企业影响更为深远;信息流方面,供应链上节点企业通过平台即时获取信息,信息传递精准度提高,品牌有效传播;资金流方面,中小微企业获取资金能力加强,资金流在链条上流动提速,资金使用效率提高。

当前国内对"互联网+"供应链的研究,主要集中在"互联网+"供应链金融(刘达,2016；赵昕,2016；徐鹏杰和吴盛汉,2018；吴睿和邓金堂,2018)、"互联网+"农产品供应链等方面。

关于"互联网+"农产品供应链的研究主要集中在农产品电子商务及其供应链管理,这方面的文献主要围绕农产品电子商务的内涵(Mueller,2001)、农产品供应链中发展电子商务的原因(Bao等,2012；Verdouw等,2014；Parker等,2016)、农产品供应链运作模式的研究(刘助忠和龚荷英,2015；但斌等,2016,2017,2018；张旭梅等,2018；等)及"互联网+"农产品供应链质量监管体系的研究(申强,2017)。

2.1.3 "互联网+"物流的研究

"互联网+流通"正在促成流通业的诸多变革：创造了新的商业平台，正在改变商业的空间集聚方式，导致了"四流"及其相互关系的深刻变化，创造了新的商业模式，并改变了流通的地区格局（李骏阳，2015）。据2015年中国物流行业市场调研报告显示，物流应用软件使用率分别是：仓储管理系统（WMS）17.21%、运输管理系统（TMS）17.21%、车辆跟踪系统19.35%、客户关系管理系统（CRM）15.05%、企业资源计划系统（ERP）12.9%、供应链管理软件（SCM）8.6%、项目管理软件（PM）8.6%，其他软件占1.08%。

"互联网+"物流的研究主要有：物流功能要素（交通运输、配送模式、物流信息），不同产业（农产品物流、农村物流、制造业物流、电商物流、快递），物流业务流程[逆向物流（刘永清，2015）]。另外，"互联网+"条件下，物流信息安全（王顺林和陈一芳，2018），以及风险控制（赵光辉，2017；王郁等，2018）等问题是学者们关注的新焦点。

1. "互联网+"在物流功能要素方面的研究

刘小明（2015）认为互联网对运输服务模式、企业经营组织、政府监管产生影响，有助于推动运输服务行业转型升级。赵光辉（2016）回顾了我国交通服务从互联网1.0到3.0时代发展的状况，介绍了国外"互联网+"交通服务的进展状况及互联网4.0时代交通服务发展趋势，并提出了推动我国"互联网+"交通服务发展的政策建议。陈国鹏（2016）提出了基于"互联网+交通"视角的通过私家车共享模式来减缓交通拥堵。杨萌柯和周晓光（2015）针对快递末端配送现存问题，构建了基于云平台的城市快递末端配送协同服务体系。梁海红（2016）构建了"互联网+"时代农产品物流配送中心优化选址模型，并应用启发式算法持续逼近得以生成最优解，在此基础上选择若干主要物流配送中心地址展开算例分析。武沁宇(2016)提出切实推进生鲜农产品宅配健康、有序发展,需要政府、企业和农户的合作。孙笑等(2017)构建了基于互联网的敏捷物流管理信息共享平台,实现敏捷物流信息和数据业务的共享和交互。

2."互联网+"在不同产业物流的研究

"互联网+"与农业的研究目前较为丰富,而对制造业物流的研究较少。李美羽等(2016)构建了钢铁物流业全产业链框架,并提出了"互联网+"视域下河北省钢铁物流业平台化发展模型及策略。

电子商务的发展是物流业发展的重要基础,同时物流业也是电子商务发展的基石,在互联网高速发展的今天,二者如何融合发展、相互促进是需要研究的重要问题。关于电子商务物流的研究比较多,有基于物流功能要素研究的(杨聚平等,2014;郭韧等,2018;等),有基于不同产业研究的(赵志田等,2014;张士华,2016;等),有从物流系统角度研究的(王旭坪等,2018;张晓芹,2018;等),还有从跨境电子商务角度研究的(李向阳,2014;张滨等,2015;冀芳和张夏恒,2015;钱慧敏和何江,2016;魏洁和魏航,2017;陈国福等,2017;郭韧等,2018;等)。但在"互联网+"背景下,电子商务与物流的深入融合发展仍然有一些新的问题,成晨和丁冬(2016)针对"互联网+"环境下掀起的农业电子商务热潮,得出我国农业电子商务发展的模式创新以及实现路径。张敬等(2016)以河北省特色产业基地为例,研究了"互联网+"背景下产业基地电子商务与物流配送整合的路径。

3.O2O中关于物流的研究

O2O自2010年被TrailPay创始人及CEO Alex Rampell提出以来迅速发展,特别是2012年后呈现井喷式发展,各界都参与其中对其探讨。关于O2O的含义,Alex Rampell将O2O(Online to Offline)定义为"线上—线下"商务。其核心是:在网上寻找消费者,然后将他们带到现实的商店中。它是支付模式和线下门店客流量的一种结合,实现了线下的购买。楼永俊(2014)认为目前O2O的概念已经脱离了最原始的"线上—线下"的定义,延伸拓展了"线下—线上"(Offline to Online)、"线下—线上—线下"(Offline to Online to Offline)、"线上—线下—线上"(Online to Offline to Online)三个新的方向。

目前O2O作为一种新型电子商务模式在各个领域的应用也十分广泛。基本领域如表2-1所示。

表2-1　O2O应用领域

应用领域	代表企业
零售	天猫、京东、唯品会、聚美优品
餐饮	美团、饿了么、口碑外卖
旅游出行	去哪网、携程、艺龙、滴滴、Uber
社区	顺丰嘿客、社区001、沱沱工社
房产	链家、房多多、好房购
地图	腾讯地图、百度地图、高德地图
医药	药给力、叮当快药、掌上药店
教育	跟谁学、请他教、选师无忧、师全师美
美容养生	美到家、Keep、Fittime、芭比辣妈

因此,对于O2O的研究也越来越细分化,如零售(楼永俊,2014;李玉龙和李雪欣,2015;吴锦峰等,2016;赵泉午等,2017;金亮等,2017;董晓舟和晁钢令,2018;等)、餐饮(李宝库和周贺,2015;刘伟和徐鹏涛,2016;等)、社区(于本海等,2015;梁艺琼和张媛,2016;林斐,2016;万晨洁等,2017;肖花和吴先福,2018)、服装(任力和郭建南,2015;张栋栋和熊翀,2015;沈蕾和刘娜,2016;赵泉午等,2017;居玲玲等,2018;赵泉午等,2018;赵纹硕等,2018;等)、农产品(Lin 和 Chen,2015;汪旭辉和张其林,2014;张应语等,2015;刘助忠和龚荷英,2015;刘路星等,2015;张旭梅等,2018;等)等角度进行分析。

O2O 研究中涉及物流相关内容的文献也越来越多。耿会君（2015）分析了废旧手机处理的现状及我国废旧手机处理存在的主要问题，并提出了基于 O2O 的废旧手机循环物流模式。陈萍和李航（2016）提出了以顾客整体满意度作为优化目标，外卖配送的带时间窗的取送货车辆路径优化题模型，并设计了遗传算法进行求解，仿真实验的结果验证了模型的合理性和算法的有效性。赵泉午等（2017）构建了考虑配送中心到末端需求点近似配送距离的 O2O 转型背景下大型零售企业中转中心选址及末端需求点分配联合优化模型，设计了集成遗传算法和禁忌搜索算法的混合算法求解模型，通过混合算法与 CPLEX 的对比证明了算法的有效性。赵泉午等（2017）针对服装鞋类连锁经营企业实施 O2O 转型面临的城市配送网络优化问题，考虑线上订单碎片化、城市配送成本、库存成本等因素，以总成本最小构建城市中心店选址及末端需求点分配联合优化模型，设计改进拉格朗日松弛算法对模型进行求解，通过与 CPLEX 计算值对比，验证算法的有效性。吴腾宇等（2018）针对 O2O 平台外卖配送服务过程中需求无法确定和配送车辆必须返回原点取货的情形，提出了带有取送货的在线旅行商问题（Traveling Salesman Problem，TSP）。赵道致和杨洁（2018）采用 Stackelberg 博弈研究 O2O 外卖配送中预计送达时间的决策模式问题，建立了外卖平台与第三方配送机构合作，预计送达时间分别由平台和第三方配送机构确定，以及外卖平台自营配送三个模型，并得到最优配送价格和最优配送能力。耿勇（2018）提出为提升平台运行绩效，物流 O2O 平台在进行物流服务创新与应用的过程中，需要重视新客户服务界面、新技术应用、新服务传递系统、新服务概念等方面的策略研究。

2.2　物流绩效评价研究

对于物流效率及绩效方面的问题,最早是 1912 年阿奇·萧在《市场流通中的若干问题》中提出的。此后,各国学者开始关注物流活动的效率问题,并从不同的方面论及了物流绩效评价的相关内容(Fisher,1949; Gepfert,1968)。从目前已有的相关文献来看,主要是从不同的视角研究了物流绩效评价,研究的重点集中在两个方面:物流绩效评价指标研究和物流绩效评价方法研究。

2.2.1 关于物流绩效评价指标的研究

1. 国外关于物流绩效评价指标的研究

早期研究主要从财务方面进行物流绩效评价,后来更多的学者侧重综合指标的研究,还有些学者则针对某一类具体物流企业绩效评价进行研究。

（1）基于成本的物流绩效评价指标的研究成果。早期研究物流绩效的学者们大多数以单一的财务评价指标来评价物流绩效(Cohen 等,1988; Arntzen 等,1995)。虽然 Lambert 等(1993)曾经提出过分强调物流的成本的中心作用而不是竞争优势来源,并继续以成本与财务指标来衡量其自身是危险的,但基于成本的绩效衡量通常在讨论物流绩效指标时仍经常被提出来。Fisher(1949)运用其开发的"时间分配表"作为数据收集工具,通过对药品批发企业进行研究,提出了涉及仓储、运输、订货管理、收货在内的 13 类作业评价指标并制定了相应的绩效评价标准。Pooley 和 Stenger(1991)则根据联合运输的特点,提出通过评价物流成本来选择不同联运方案的思路,并认为要衡量运输成本,应该从订单大小、运输网络设计、不同方案的费率差异、内部周转时间限制以及运输距离长短等因素的综合影响入手。

（2）物流绩效综合评价指标体系的研究。Levy（1995）认为平均存货水平、订单完成率是企业物流绩效评价的重要指标。Harding（1998）将对客户的重要性、企业绩效和改进的成本/时间作为衡量物流绩效的三个标准。Gunasekaran 等（2001）将物流绩效评价指标与战略、战术与运作三个层次相联系，并将指标划分至财务与非财务领域。另外还提出，绩效评价指标所关注的焦点已经由成本导向转向成本与其他方面功能相结合，如客户满意度、资产利用率、生产率以及质量。Toni 等（2001）对 115 家意大利企业进行了实证研究，发现在大多数企业中传统的成本类绩效评价指标（如存货的主要监视指标成本指标与生产率指标）与新型的非成本类指标（如质量、反应时间绩效与柔性）之间存在着明显的不同，得出了一个好的企业绩效评价体系包括财会、制造计划、控制及战略计划体系的结论。Bowersox 等（1999）提出物流绩效一般从内部、外部和综合供应链三方面来进行评价。其后，Bowersox 等（2004）又提出物流绩效评价系统首先需要一个职能视角，除基本的职能绩效外，改进后的客户适应度评价方法在许多企业中正引起越来越多的注意。整合的供应链绩效衡量对现行的管理方法提出了更高的要求，而基准则是物流评价中第四个关注的问题。物流绩效的职能性评价可以分成以下五个方面：①成本管理；②客户服务；③质量；④生产率；⑤资产管理。客户适应度评价包括完美订单、绝对绩效和客户满意度。供应链综合衡量标准包括现金到现金转化；供应链库存供应天数；闲置时间；在架货物占库存货物的百分比；供应链总成本；供应链反应时间。基准衡量就是比照其他公司来评价自身的运作情况。

（3）基于不同类型企业的物流绩效评价指标的研究。实际上，物流绩效评价是非常复杂的系统工程，不可能有适用于所有企业的物流绩效评价指标体系，因而有些学者提出应根据不同性质企业提出相应的物流绩效评价指标体系。Anthony 等（2002）、Chen（2002）对配送中心绩效评价提出的指标包括运输工具数量、工人工作年限、生产时间、销售量；Haas 等（2003）提出逆向物流的评价指标应是构建回收渠道成本、固体废弃物的回收规模、接收回收服务的家庭数量、废弃物回收数量等；Evangelos 等（2006）、Wang 等（2006）对港口绩效评价提出的指标是装备、信息技术和集装箱处理量。

2. 国内关于物流绩效评价指标的研究

国内关于物流绩效评价指标方面的研究虽然起步较晚，但在借鉴国外学者研究成果的基础上，提出了许多新的物流绩效评价指标。

（1）物流绩效评价的综合指标的研究。马红燕（2003）从内部绩效、服务满意度、财务盈利、发展潜力四个维度建立了物流企业绩效评价体系，整个体系细化为三级指标体系。王瑛等（2003）设计了物流系统的综合评价指标体系，包括运输、仓储、库存管理、信息化水平、发展潜力等五类指标，每类指标都从生产率和质量两个方面进行了细化。商红岩和宁宣熙（2005）构建了第三方物流企业绩效评价指标体系，由功能性指标（包括客户服务水平、配送功能、运输功能、库存功能、采购功能、流通加工功能）、经营指标（包括客户服务水平、管理水平、企业实力、信息化水平、成本水平、盈利能力）和稳定性指标（包括客户服务水平、技术实力、盈利能力、应变力、企业聚合力、经验指标、企业形象）三类指标构成。潘文荣（2005）构建了以运输、库存、订单处理、包装、财务、信息为一级指标的企业物流绩效评价指标体系。赵君田等（2007）认为要评价物流绩效，应从生存能力、盈利能力、发展能力等三个方面着手。其中，生存能力的评价指标有市场占有率、客户保持率、客户获得率、客户满意率、客户平均获利率等；盈利能力的评价指标包括单位物流成本指数、配送时间指数、配送延时率、缺货率、网点密度服务、综合业务能力、员工专业化率等；发展能力的评价指标有员工培训比率、研发费用增长率、设备投入增加率等。代坤（2009）采用问卷调查的形式对物流绩效评价进行了研究,指出企业应从责任指标与客户指标、成本指标与服务指标、过程指标与效果指标等方面对物流绩效进行测度。刘一君和徐悦晗(2012)构建了第三方企业物流系统综合评价指标体系,包括运力资源利用率、固定资产周转率、订单完成率、配送资源利用率等20个,并采用主成分因子分析法对企业物流系统进行了综合评价。杨德权和薛云霞(2015)构建了一套大规模制造环境下物流系统评价体系,包括成本、时效、柔性、技术等四个一级指标。

(2)从物流功能角度评价物流绩效的研究。潘文荣(2005)从物流运输、库存、包装、订单处理、财务、信息等各个功能环节角度提出评价指标。王炳勋等(2009)在分析生鲜农产品配送中心特点的基础上,建立了绩效评价指标体系,以采购功能、库存功能、配送功能、流通加工功能、信息功能、服务质量及布局与设施等作为一级指标。于航等(2010)构建了一套适合于鲜活农产品的物流配送的绩效评价指标体系,以配送成本、运输、服务水平为一级指标,以包装费用、流通加工费用、满载率、承运能力、客户满意度、配送人员应变能力等为二级指标。蒋丽华和张英华(2011)构建了精益物流管理评价指标体系,包括六个方面,共21个评价指标,其中二级指标包括战略要素、质量要素、组织要素、现场要素、供应商/协作商要素和文化要素六个方面。李红启和李嫣然(2014)构建了物流企业开展甩挂运输的绩效评价指标体系。核心指标包括车辆绩效、场站绩效和企业整体发展水平三个一级指标,每个一级指标被细化成二级、三级、四级甚至五级指标,并给出了每个指标的内涵。

(3)基于不同类型企业的物流绩效评价的研究。黄福华从2002至2006年对零售企业物流绩效进行了专门研究。2002年提出零售企业物流绩效评价的原则;2003年指出零售企业物流服务绩效主要受交货可靠性、服务质量、柔性和信息服务等要素的影响,从而构成评价指标。2006年,他运用绩效测评理论确定了供应链博弈下零售企业物流绩效评价的关键绩效评价指标体系。刘长未等（2004）对某钢铁制造企业的物流系统构建了评价指标体系，将时效性、质量、成本、物流技术的先进性和部门间的协调性列为一级评价指标，下设细化的二级指标。方春明等（2009）根据汽车行业特征与要素的独立性，构建了汽车工业第三方物流服务商绩效评价指标体系，其中管理文化、执业经验和服务质量、规划能力、信息系统能力、资产规模和质量、运作管理能力等为一级指标，下面又细化为多个二级、三级指标。焦新龙等（2009）深入分析了港口物流绩效，根据港口的作用和特点，按照硬件水平、经营管理水平和客户满意度三个主因素以及对应的货物吞吐量、集装箱吞吐量、深水泊位数量等 21 个子因素来建立港口物流绩效评价指标体系。王健（2010）分析了我国钢铁企业物流的特点，并结合钢铁企业建立了物流绩效评价体系及评价指标，包括物流运作指标、物流信息指标、物流管理指标、财务指标。潘福斌和宋达（2014）设计了农超对接的农产品物流系统绩效评价体系，一级评价指标包括系统内部结构、系统运作效果、系统外部环境三个指标。二级评价指标共 10 个，包括系统内部结构下的系统规模、组织化程度；系统运作效果下的财务方面、品质管理、物流控制、信息处理、顾客方面；系统外部环境下的政府支持、技术环境、基础设施，共 10 个。为了评价得更加具体，二级评价指标下面又进一步分为 24 个三级评价指标。周静和孙健（2015）对冷链物流企业构建了指标评价体系，包括财务绩效指标（主营业务增长率、总资产增长率、流动比率、资产负债率）、运营绩效指标（库存周转率、冷库利用率、冷藏车利用率、食品缺损率）、服务绩效指标（成本费用利润率、物流成本推出率、市场占有率）、人力绩效指标（技术人员比例、劳动效率、员工素质）。周茂春和连洁（2015）构建了煤炭企业的绿色物流绩效评价体系，准则层包括物质基础、生产物流、环境和运输几个方面，方案层包括准则层细化后的 13 个子指标：物质基础下的物流设施装备、信息设施、组织及管理；生产物流下的煤炭回采率；环境下的资源消耗率、废弃物资回收利用率、环保资金投入、环境污染度；运输下的煤炭运输成本、准时交货率、货物损耗率、车辆空驶率。周静和孙健（2015）构建了中国冷链物流企业的绩效评价指标体系，包括财务（企业的主营业务增长率、资产负债率、流动比率、总资产增长率）、运营（库存周转率、食品缺损率、冷库利用率、冷藏车利用率）、服务（成本费用利润率、市场占有率、物流成本推出率）和人力（技术人员比例、劳动效率与员工素质）等绩效指标。常峰等（2016）对医药物流企业构建了绩效评价指标体系，包括财务绩效、内部业务、创新与学习和利益相关者。

2.2.2 物流绩效评价方法的相关研究

由于定性评价方法具有较强的主观性，因而不是物流绩效评价的主流，现在物流绩效评价的研究中多不会单独使用；而定量评价方法又存在模型理想化等缺点。所以，现在研究物流绩效评价的文献中多采用定性与定量相结合的方法。定量方法包括作业成本法、数据包络分析方法等；定性与定量相结合的方法主要有层次分析法、平衡记分卡法、主成分分析法、模糊综合评价法等，见表 2-2。

表 2-2　物流绩效评价研究主要方法

数据分析方法	文献
数据包络分析（DEA）	Min 等（2005）；Min 等（2006）；Evangelos 等（2006）；Lin（2006）；王若钢等（2006）；Zhou 等（2008）；张宝友和黄祖庆（2007）；杨德权等（2009）；史成东等（2010）；周静和孙健（2015）
层次分析（AHP）	黄福华（2006）；焦新龙等（2009）；傅红等（2011）
平衡记分卡（BSC）	王鹏姬等（2003）；许国兵（2008）
主成分分析（PCA）	陈榕（2004）；焦癀等（2005）；伟媛等（2010）；方永美等（2011）
模糊综合评价（FCE）	周涛等（2002）；朱兵（2004）；于航等（2010）

1. 数据包络分析

1978 年 Charnes、Cooper 和 Rhodes 提出数据包络分析方法（Data Envelopment Analysis, DEA），用来评价具有多个输入和输出的决策单元的相对有效性。他们提出了第一个模型——C2R模型。之后学者们相继提出了一些其他模型。Min 等（2005）运用 DEA 法对国际集装箱港口的效率进行了评价；Min 等（2006）运用该方法对美国典型第三方物流企业的竞争力进行分析；Evangelos 等（2006）运用 DEA 对美国港口物流绩效进行评价；Lin（2006）将 DEA 应用于船舶业的绩效评价。张宝友和黄祖庆（2007）运用 DEA 选取了中国深沪两市 14 家上市物流公司，利用其 2002—2005 年的财务数据进行了动态绩效评价。王瑛等（2003）采用 DEA 和 AHP 相结合的方法建立了两阶段物流系统评价模型。Zhou 等（2008）运用 C2R-DEA 和 BC2-DEA 模型对中国十大第三方物流企业的效率进行了评价，结果显示公司规模大小与企业绩效无关。杨德权和裴金英（2012）用超效率 DEA-IAHP 方法对物流企业绩效进行评价。周静和孙健（2015）用 AHP-DEA 方法对中国冷链物流企业的绩效进行了评价。

2. 层次分析法

黄福华等（2006）应用 AHP 建立某中小零售企业的物流绩效评价指标体系，利用 Expert Choice for Windows 2000 求得各评价指标相对上一层评价指标的权重系数。焦新龙等（2009）运用 Delphi 法和 AHP 法建立了港口物流层次分析模型，构建了物流绩效综合评价指标体系。黎青松等（2000）着重讨论了如何用 AHP 法的改进——网络分析法（Analytic Network Process, ANP）对一个包含外部因素的战略进行动态的系统评价。商红岩和宁宣熙（2005）提出了基于乘法合成的层次分析方法用于第三方物流企业绩效评价中。Jharkharia 等（2007）将 ANP 应用于物流服务商的选择中。潘福斌和宋达（2014）采用专家评分法和 AHP 对福建省农超对接物流系统进行绩效评价，认为物流利润率、农产品安全度、系统纵向组织化程度、农产品保鲜水平及信息准确率是影响福建省农超对接农产品物流系统的关键因素。李红启和李嫣然(2014)采用 AHP 和突变模型法对物流企业的甩挂运输工作进行绩效评价。周茂春和连洁(2015)利用 AHP-FCE 方法(层次分析法和模糊综合评价法结合)对煤炭企业绿色物流进行绩效评价分析。

3. 平衡记分卡

哈佛教授 Kaplan 与诺顿研究所最高行政长官 Norton(1992)在哈佛商业评论上发表了一系列关于平衡记分卡(Balanced Score Card, BSC)的论文,将过去绩效评价中的财务评价和未来绩效的驱动力结合在一起。平衡记分卡四个评价角度的关系如图 2-1 所示。王鹏姬等(2003)依照 BSC 框架,构建了物流企业绩效评价指标体系,包括财务、内部业务、客户和创新与学习能力各个方面的具体评价指标。常峰等(2016)结合平衡记分卡和绩效棱柱方法构建了医药物流企业绩效评价体系,并对 6 家医药企业进行了实证研究,结果显示内部业务、创新与学习、利益相关者为关键绩效评价因素。

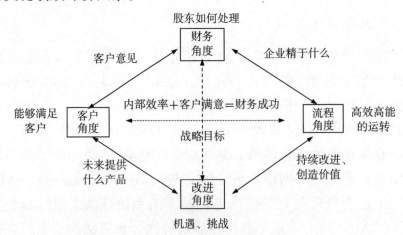

图 2-1 平衡记分法四个评价角度的关系

4. 主成分分析

通过将原来相关的各原始变量作数学变换,使之成为相互独立的分量,然后再对分量计算综合评价值的方法即主成分分析(Principal Components Analysis, PCA)。陈榕(2004)阐述了将PCA引入物流服务商综合实力的评价过程,并且建立一套有较强操作性的指标体系,杜志平(2004)提出了一种以主成分分析为主体的物流网络节点重要性的评价方法。焦癜等(2005)以企业物流绩效为研究对象,建立了物流绩效评价指标体系,利用PCA对物流绩效进行综合评价,通过实例分析表明该方法能有效评价企业物流绩效。Junmo(2009)将对模糊评价法和PCA的研究成果应用到物流绩效评价中,他认为模糊评价法可以将一些边界不清、不易定量的因素定量化,因而可以很好地解决判断的模糊性和不确定性的问题;另外,PCA的误差较小,可靠性比较高,因而对于评价指标众多,且样本复杂的综合评价比较实用,并指出在进行物流企业绩效评价时,应根据企业本身的特性,具体问题具体分析,在遵循客观性、可操作性和有效性原则的基础上进行适当选择。方永美等(2011)运用PCA建立了生产企业物流的绩效评价模型,并选取了我国医药行业的10家上市公司作为评价对象,运用所建立的模型对10家上市公司的物流绩效进行评价。

5. 模糊综合评价

利用模糊集理论进行评价的方法称之为模糊综合评价(Fuzzy Comprehensive Evaluation, FCE)。它不仅可对研究对象按综合分值的大小进行评价和排序,还可根据最大隶属度原则去评价对象所属的等级。由于模糊综合评价法可以较好地解决综合评价中的模糊性,因而该方法已广泛应用于物流绩效评价中。周涛等(2002)、朱兵(2004)通过FCE对不同的物流系统进行了评价和决策,从不同的角度说明了FCE在物流系统评价中的重要地位。刘长未等(2004)对某钢铁制造企业的物流系统进行了模糊综合评判,方春明等(2009)采用模糊综合评判的方法,对汽车行业第三方物流服务商进行评价;并采用灰色关联度分析对专家主观排序和模型输出排序进行检验和调整。于航和张凯(2010)通过指标的初步选取、筛选与精简,构建了一套适合于鲜活农产品的物流配送的绩效评价指标体系。在评价指标初步建立的过程中,通过发送专家调查表,应用ABC筛选法,进一步得出了具有代表性的鲜活农产品物流配送的评价指标体系:以配送成本、运输、服务水平为一级指标;以包装费用、流通加工费用、满载率、承运能力、客户满意度、配送人员应变能力等为二级指标;同时,确定了各指标的权重。然后对指标进行量化,对于定性指标采用10分制的打分形式,然后折合成百分数,即[0,1]之间的数;而对于定量指标,则是根据指标的实际取值范围,应用模糊数学中的隶属度理论,将指标数据归一到[0,1]区间。

除了上述绩效评价方法外,还有功效系数法(ECM)(孙宏岭等,2001)、模糊聚类方法(FCM)(魏新军,2003)、随机前沿方法(SFA)(Kevin Culliane,2006)、全要素生产率法(TFP)(Daniel J,2006)、熵权法和灰色关联分析相结合的综合评价法(张滢,2008)、逼近理想算法(TOPSIS)(钱省三和黄旭,2008)、熵模型(张志峰和肖人彬,2010)、绩效评估图法(PED)(蔡让和王耀球,2014)双射软集合(常峰等,2016)、灰色关联分析和TOPSIS方法(李守林等,2018)等物流绩效评价方法。

2.2.3 物流绩效影响因素的相关研究

近年来,对于物流绩效的研究更多的学者是从物流绩效影响因素的角度入手,而且多采用实证分析的方法进行研究。李文静(2008)研究了不同物流模式对零售企业物流绩效评价体系的影响机理。李文静(2011)以沃尔玛、大商集团、世纪联华等为案例,研究了物流模式对零售企业物流绩效评价系统的具体影响。刘丹(2013)通过对146家物流企业的实证研究,证明物流企业的服务创新资源投入水平对服务质量水平具有正向影响,服务质量水平的提高可提升客户对物流服务的评价、提高客户满意度和忠诚度,并对物流企业的绩效产生正向影响。王坤和骆温平(2014)通过对 152 家物流企业的调查分析,研究了顾客导向、竞争者导向对物流服务创新、企业绩效影响之间的关系。戴君等(2015)以 130 家物流用户企业为调查对象进行了研究,给出了第三方物流整合与物流服务质量、伙伴关系及企业运营绩效的关系模型。储昭昉和邓蕾(2015)通过对 130 家物流外包企业的实证分析,提出第三方物流整合能促进企业绩效的提高,而且此促进作用受到企业规模、企业年龄、所有制结构、行业等企业特征的影响。李亚等(2016)等采用结构方程模型对中国第三方物流物流企业进行实证分析,得出我国第三方物流服务能力对企业绩效有着显著的正向影响。同时,非财务表现在第三方物流服务能力转化为财务绩效的过程中既发挥着直接的正向影响,又具有显著的中介作用等。邱洪全(2018)研究了双渠道供应链协同创新机制对物流服务创新能力和物流服务创新绩效的影响。

2.3 供应链绩效评价研究

供应链绩效的概念是一组多维建构,测量的因素不同,其结果也会不同。到目前为止,关于供应链绩效也没有统一的定义,供应链绩效评价未能形成完整统一的指标体系。比如,霍佳震等(2009)将供应链绩效概括为供应链各成员通过信息协调和共享,在供应链基础设施、人力资源和技术开发等内外资源的支持下,通过物流管理、生产操作、市场营销、客户服务、信息开发等活动增加和创造的价值总和。罗明等(2007)认为供应链形成阶段应主要考察其稳定性和可靠性;发展阶段则主要考察供应链的成本和柔性;成熟阶段主要考察成熟度、客户满意度及价值开发;衰落阶段主要考察供应链的重构性等。供应链绩效评价需要解决的重要问题是供应链绩效评价指标体系和评价方法,因而多数学者也是以供应链绩效评价指标体系与评价方法来展开研究的。

2.3.1 供应链绩效评价指标相关研究

在研究供应链绩效评价问题的初期,许多学者没有考虑供应链的类型或者供应链的整体运作,只是从一般的层面提出了供应链绩效评价的指标:供应链总成本、服务水平、资产管理、客户调解、现金回收期和标杆管理。随着学者对供应链研究的进一步深入,许多学者从不同研究角度来构建供应链绩效评价指标体系。供应链绩效评价指标体系的研究可归为三类:供应链整体运作角度;基于特定供应链类型(敏捷供应链、集成供应链、基于产品的供应链、基于电子商务的供应链、绿色供应链)的角度;物流外包相关角度。

1. 从供应链整体运作角度的研究

Beamon(1998)将供应链绩效评价指标分为定性和定量两类。把客户满意度、柔性、信息流和物流一体化、有效风险管理和供应商绩效归为定性指标。定量指标则包括成本和客户响应两个方面,其中成本指标包括成本最小化、销售最大化、利润最大化、库存投资最小化和投资回报最大化,客户响应指标包括满足率最大化、产品交货延迟最小化、客户响应时间最短、订货至交货时间最短和功能重复最小化。1999年他又从资源、产出和柔性三个方面构建了供应链的绩效评价指标体系。Lummus 等(1998)从四个方面列举了供应链绩效的主要考核指标。在供应方面主要包括:供应的可靠性、提前期;在过程管理方面的评价指标包括过程的可靠性、计划完成情况以及所需时间;在交货运送方面有完好订单完成率、运输天数、补充提前期;在需求管理方面的评价指标有供应链总库存成本、总周转时间。Roger(1999)认为,供应链整体绩效评价应从 10 个方面着手,具体有:有形的外在绩效、可靠性、沟通能力;响应速度、服务态度、能力、安全性、可信性、可接近性、理解客户的能力。供应链协会（Supply Chain Council，SCC）1996年起开始发布供应链运作参考模型（Supply Chain Operations Reference，SCOR）。供应链研究的权威机构PRTM（2000）在SCOR中提出了度量供应链绩效的指标，PRTM发布的SCOR8.0中第一级的10个衡量指标，见表2-3。马士华教授等（2002）从客户导向、财务价值、内部流程及未来发展性四个评价角度建立了供应链绩效评价指标。中国电子商务协会供应链管理委员会（Supply Chain Council of CECA，CSCC）（2003）结合中国供应链管理模式和企业现实需求，颁发了《中国企业供应链管理绩效水平评价参考模型（SCPR1.0）构成方案》。SCPR1.0中包括5个一级指标，18个二级指标和45个三级指标，而且给出了每个指标的权重。Gunasekaran等（2004）在前人研究的基础上逐一分析了计划、供应、制造/装配和配送等供应链活动/流程，并细分每个活动/流程下的战略层、战术层和运作层指标，形成供应链绩效评价框架矩阵。霍佳震等（2002）构建了顾客价值和供应链价值两个方面，包括顾客满意、供应链投入、供应链产出和供应链财务等四个二级指标、23个基本指标的集成化供应链绩效的多层评价指标体系。Hull（2005）从供应链的供求弹性角度，建立了四个评价指标：供应链对市场变化的响应、供应链容量利用率、供应链分配问题、价格折扣或成本增加对供应链产生的数量影响。Narasimhan和Nair（2005）认为在供应链联盟的环境中，绩效评价指标主要有市场份额、资产回报率、平均销售价格、产品质量、行业内的竞争地位、客户服务等六个方面。Lin（2005）通过多代理模拟仿真，运用三个实验分析了信任机制对供应链绩效的影响，提出了基于信任机制的供应链绩效可由三个方面加以评价：平均循环时间率、订单及时履行率和产品成本。Craig（2006）指出成本、时间、质量、柔性和创新性是持续监控供应链绩效的五个方面，且对于保持供应链竞争力是非常重要的。童健和温海涛（2011）基于SCOR提出订单履行效率OFE作为新的供应链绩效评估参数用于供应链绩效评价中。吴昉等

（2012）通过问卷调研和管理层访谈对国内20家年销售规模在5亿至30亿的独资和中外合资企业的实证研究，设计了包括质量、服务、技术和价格四个方面的供应链绩效指标。韩敬稳和赵道致（2012）研究了强势零售商使用买方势力尽量压低供应商批量价格的行为对零售商主导型供应链绩效的影响。葛安华等（2014）从结果层（包括顾客服务水平、财务情况）、运作层（包括价值角度、产能角度、时间角度、环保角度）、支持层（包括信息共享程度、创新与学习、稳定与活力）三个层面构建了供应链绩效评价体系。

表2-3　SCOR8.0的一级衡量指标

一级评价指标	面向客户				面向关系
	可靠性	响应性	柔性	成本	资产
完美订单完成率	√				
订单完成周期时间		√			
供应链上游柔性			√		
供应链上游适应性			√		
供应链下游适应性			√		
供应链管理成本				√	
产品销售成本				√	
现金周转时间					√
供应链固定资产收益率					√
营运资本收益率					√

2. 将供应链置于特定背景下的研究

Hudson（2001）、Huin（2002）、Morgan（2004）、Thakkar（2007）和Thakkar（2009）都以中小企业为对象来研究供应链绩效评价问题。Hoek（2001）则从供应链TPL联盟的角度研究了绩效评价问题。Sarkis（2003）以绿色供应链为背景，研究了组织绩效、产品生命周期、运营生命周期等的相互作用，形成管理和改善绿色供应链的决策框架。朱庆华等（2005）研究了绿色供应链与企业绩效之间的关系。Lai等（2002）研究了运输物流中的供应链绩效问题,构建了以发运方服务的有效性、运输物流服务提供方的运作效率和收货方的服务有效性三者为基础的评价模型,并在 SCOR 思想下,将这三者做了进一步细分。SES 和 SEC 均被分为可靠性和响应性,OE 分为成本和资产,形成 26 个子指标的评价体系。闫秀霞等(2005)剖析了物流服务供应链的特征,并从运行域、层次域、构成域三个属性域给出了评价物流服务供应链模式的指标体系,利用熵技术和层次分析法对该模式进行了绩效评价。席一凡等(2007)构建了包括用户满意、信息共享程度、物流一体化、企业合作伙伴关系四个维度的供应链绩效指标体系。陈钢等(2008)构建了包括企业战略及组织间的协调能力、计划及执行能力、物流效率、信息技术应用能力四个方面的供应链绩效评价体系。史文利和高天宝(2010)构建了包括财务、顾客、内务业务流程、学习与成长四个方面,16 个二级平衡记分指标的供应链绩效评价体系。傅红等(2011)从物流服务绩效、物流财务绩效与供应链柔性三方面构建了供应链物流绩效评价体系,其中物流服务绩效包括服务可得性、服务作业绩效、服务可靠性;物流财务绩效包括物流成本绩效、物流利润绩效;供应链柔性包括适应变化能力、集成创新能力。赵盼红等(2012)提出了包括财务、顾客、业务流程、学习与成长和安全等五个方面的关于食品供应链绩效评价体系。杨瑾(2013)构建了大型复杂产品制造业集群供应链绩效评价体系,该评价体系包括协同性、可靠性、柔性、质量管理和成本控制等 5 个潜在变量和 16 个观测变量。黄祖庆等(2013)构建了利益相关者视角的包括微观层面和宏观层面的物流服务供应链绩效评价体系。微观层面包括功能性物流服务提供商、物流服务消费者、物流服务供应链集成商;宏观层面包括政府、社区及其居民,并用三角模糊数等方法对传化物流为主导的物流服务供应链的绩效进行了评价。王效俐和张默(2014)从支撑能力、控制能力、集成能力三个维度构建了物流服务供应链突发事件合作补救能力评价指标体系,一级指标体系下包括 8 个二级指标,二级指标进一步细化为 31 个三级指标。

王勇和邓旭东(2015)构建了包括成本、运作和服务三个维度的农产品供应链绩效评价体系。戴君等(2015)设计了包括运营绩效、环境绩效、社会绩效以及经济绩效四个方面的可持续供应链绩效评价体系。

3. 与物流外包相关角度的研究

一些文献从与物流外包相关角度研究供应链绩效评价的指标,许多学者都选用了一些类似指标,如财务指标、客户服务水平、柔性及响应性等,见表2-4。

表2-4　供应链绩效指标汇总

文献	绩效指标			
	财务指标	客户服务水平	柔性	响应性
Arnold 等(2000)	成本			
Barad 等(2003)		可靠性	灵活性	
Stank 等(2003)	成本 价格	订单完成率 配送准确率		
Sohail 等(2003)	投资回报率	服务水平		供应链循环周期
Power 等(2007)	成本 滞压库存与运输成本 净收益	客户满意度 服务质量	灵活性	循环周期
谭勇等(2007)	资产回报率 投资回报率 销售增长	客户抱怨率 即时供货率 完美订单完成率	适应产品设计更改或产量变化的能力 对突然增加的需求快速响应的能力 旺季销售波动时运力的适应能力 遇到天气等意外情况时完成任务的能力	
Cho 等(2008)	盈利能力 销售增长	客户满意度		

文献	绩效指标			
	财务指标	客户服务水平	柔性	响应性
Khan 等（2009）	资产回报率 市场份额 周转率	准时交货率 服务水平	生产时间	响应时间
Hsiao 等（2010）	物流成本	提前期 运输速度 订单满足率		响应时间

2.3.2 关于供应链绩效评价方法的研究

在研究供应链绩效评价方法方面,大多数学者采用结构方程模型、平衡记分卡、层次分析法、模糊层次分析、数据包络分析等,见表2-5。其中,结构方程模型的应用最为广泛。也有学者将多种方法集成来研究供应链绩效评价问题,部分学者采用仿真方法(Ganeshan 等,2001；Disney,2004；娄平等,2002)。

表2-5 供应链绩效评价研究中的主要方法

研究方法	文献
结构方程模型	Garver 和 Mentzer（1999）；Min 和 Mentzer（2004）；Li 等（2005）；Green 等（2008）；谭勇等（2007）；廖成林等（2008）；杨瑾（2013）；戴君等（2015）
平衡记分卡	Kleijnen（2003）；马士华等（2003）；Lusine（2007）；Bhagwat 等（2007）；Wai（2008）；Jalali Naini 等（2010）；郑传锋（2005）；杨柏（2007）；陈钢等（2008）；史文利和高天宝（2010）；赵盼红等（2012）；贾鹏和董洁（2018）
层次分析法	Chan（2003）；El-Baz（2011）；陈志祥（2003）
数据包络分析	Narasimhan（2001）；殷梅英等（2004）
仿真	Ganeshan 等（2001）；Disney（2004）；娄平等（2002）

1. 结构方程模型

Garver 和 Mentzer（1999）首先将结构方程模型（Structural Equation Model, SEM）引入有关物流理论的验证,并给出了 SEM

分析的基本方法。Tan 等（2002）将 SEM 应用于对供应链管理、供应商评价及其相关的各构造对公司绩效的影响中。Min 和 Mentzer（2004）采用 SEM 对供应链管理概念的量表进行结构效度分析,构建测定供应链管理的指标体系。Li 等（2005）构建了覆盖供应链上下游的供应链管理实施指标体系,并采用结构方程模型对供应链管理实施的量表进行效度分析。Green 等（2008）采用问卷调查收集数据,并采用 SEM 进行建模分析,研究发现采取供应链管理战略能改善物流绩效,进而改善组织绩效和供应链整体绩效。在国内,SEM 研究方法近十年开始用于供应链绩效评价中。谭勇等（2007）通过对中国近千家企业进行问卷调查,用结构方程模型对问卷进行了分析,发现运作能力是影响供应链绩效的关键因素。廖成林等（2008）将竞争优势作为中介变量,构建了供应链管理实施与组织绩效间关系的理论模型,并以来自中国西南和华南等地区的 177 个企业为实证样本,用 SEM 对理论模型和研究假设进行实证检验。杨瑾（2013）用 SEM 对大型复杂产品制造业集群供应链绩效进行了评价。

2. 平衡记分卡法

Brewer 与 Speh（2000）讨论了 BSC 中相同的四个方面,并进行了相应的调整以适应供应链系统。这四个要素是供应链管理目标、客户利益、财务利益以及供应链管理改进;每一方面都与相应的平衡记分卡项目相对应。指标的提出则与这些构成要素密切相关。Kleijnen（2003）利用 BSC 来对供应链绩效进行评价,从财务、客户、内部过程与学习和创新四个角度来全面衡量供应链绩效。马士华等（2002）在 BSC 的基础上,提出了平衡供应链记分法（BSC-SC）,并建立了供应链评价系统。Lusine（2007）应用 BSC 构建了农产品供应链的绩效评价指标,并指出柔性是影响供应链绩效的重要部分。Wong（2008）应用 BSC 对供应链绩效进行测量,强调供应链绩效的关键点为物流绩效、订单满足率、生产柔性和现金周转时间。郑传锋（2005）将 BSC 应用到供应链绩效评价中,从客户、内部运营、学习及创新、财务等四个方面来综合评价供应链的绩效。杨柏(2007)运用 BSC 对汽车企业动态联盟供应链的绩效评价问题进行了研究。陈钢等(2008)在 BSC 的基础上构建了供应链绩效评价体系,并对中国大量企业进行实证研究。企业战略及组织间的协调能力、计划及执行能力、物流效率、信息技术应用能力四个方面,史文利和高天宝(2010)用 BSC 建立供应链绩效的评价指标体系,分别用信息熵理论和 AHP 确定了一级及二级指标体系的指标权重,并运用未确知集理论对供应链绩效进行了评价。赵盼红等(2012)提出了关于食品供应链绩效评价的五维动态平衡记分卡模型,并用网络层次分析法和模糊综合评价法对食品供应链进行了绩效评价。贾鹏和董洁(2018)将可拓学与改进的五维 BSC 指标体系相结合,运用可拓学中的基元理论和优度评价方法构建了物流服务供应链绩效指标可拓优度评价模型。

3. 数据包络分析

Narasimhan(2001)将 DEA 用于供应商的评价。殷梅英等(2004)利用网络数据包络分析方法,对供应链分销阶段中经济实体的内部运作子过程对其总体相对有效性的影响进行讨论。钟祖昌等(2006)在传统 DEA 模型的基础上构建一个基于网络 DEA 的综合性供应链绩效评价模型。通过一个仿真的案例探讨了企业供应链绩效的评价过程,比较了传统 DEA 模型和网络 DEA 模型,展示了网络 DEA 的优越性。刘春贵和郭忠行(2012)构建了低碳供应链绩效评价体系,用 DEA 对山西省 8 年工业企业供应链绩效进行了评价。

供应链绩效评价是一种典型的多指标问题,涉及因素繁多,评价过程较为复杂。近年来,一些学者集成多种方法、采取定量与定性相结合的研究方法取得了不错的效果。娄平等(2002)提出了针对敏捷供应链管理中供应商选择的 AHP/DEA 方法。路应金等(2004)用区间数线性规划方法对集成化供应链绩效进行评价。李贵春(2004)在模糊评价法加以引入时间参数 K,建立一个多级动态模糊综合评价模型用来评价我国供应链绩效。Sharma 等(2007)提出了综合的 BSC-AHP 法对供应链管理进行绩效评价。席一凡等(2007)提出了基于模糊神经网络的供应链绩效评价模型。钱军等(2007)给出了基于 Multi-agent 系统的研究方法对供应链绩效进行评价。Estampe 等(2013)综合比较了各种绩效评价方法的特点和适用范围,强调应根据不同的组织类型、责任分配和供应链成长阶段来选择不同的评价体系和方法。傅红等(2011)提出了变权层次分析法对供应链物流进行绩效评价,不仅实现了对绩效方案的变权分析,而且也从根本上解决了方案评价的逆序问题。王效俐和张默(2014)用网络层次分析法对物流服务供应链突发事件合作补救能力进行了评价。葛安华等(2014)运用物元模型对供应链绩效进行了评价。何宜庆等(2016)提出了基于 G1-DEA 和 TOPSIS-灰色关联分析的供应链绩效评价方法。孟虎等(2018)利用反馈神经网络 LMBP 算法进行供应链绩效评价和优化。

2.3.3 供应链背景下第三方物流供应商的选择与评价研究

Weber(1991)通过综述 74 篇关于供应商选择的文献得出结论:最常用的选择指标是价格、质量、设备能力和交货期;应用的数学模型是线性规划、混合整数规划和目标规划。Bolumole(2003)提出用层次分析法进行供应商的评价。Degraeve(2002)提出基于成本控制的供应商选择方法。其他学者还提出了神经网络方法和 DEA 法。霍佳震等(2009)运用供应链管理理念研究物流供应商绩效,通过对供应链的分类(长期效率型、短期效率型、长期创新型和短期创新型)建立了供应链环境下供应商绩效评价体系框架。马雪芬等(2003)提出了供应链环境下选择第三方物流企业的综合评价层次体系结构,详细阐述了运用集成 FCE 和 AHP 的方法评价选择第三方物流企业的步骤。马士华等

（2006）对供应链管理涉及的合作伙伴选择、供应商选择和评价进行了系统阐述。这些研究为本书从供应链角度探讨物流客户服务绩效评价问题提供了参考。

2.3.4 关于供应链绩效影响因素的研究

对于供应链绩效的研究，多数学者开始探索哪些因素会对供应链绩效产生影响及其影响程度。Gulati 和 Kletter（2005）的研究表明供应链的关系也会影响供应链的绩效。Star-bird（2005）、刘威延（2012）等的研究表明供应链契约会影响供应链的运作绩效水平。Guide 等（2006）分析时间对供应链绩效的影响，研究表明对时间敏感的产品，加快回收处理速度会带来显著的收益。Drake 和 Schlachter（2008）、曹永辉（2013）等的研究表明供应链协同水平会影响供应链绩效水平。于辉和刘磊（2009）研究了集中决策供应链、制造商具有批发价定价权供应链和零售商具有批发价（采购价）定价权供应链三种情形下供应链绩效的特征。杨道箭等（2010）研究了批发价格契约、数量折扣契约和两部定价契约下的供货水平和供应链绩效。赵晓敏等（2012）研究了再制造战略、供应商和制造商之间的权力结构对 S-M 两级闭环供应链的系统绩效的影响。周荣虎（2013）通过对我国 44 家大型制造型企业及科研院所的实证分析，用 SEM 方法研究了知识共享、冲突管理对供应链绩效的影响。曾敏刚和吴倩倩（2013）通过调查广东省珠三角地区 162 家制造业企业，并利用结构方程研究了供应链设计、信息共享、供应链整合和供应链绩效之间的关系。杨光勇和计国君（2014）研究了战略顾客同时关注横向支付意愿（依赖于产品内在价值）与纵向支付意愿（依赖于产品性能）时，产品差异性与供应合同条款差异性对竞争性供应链绩效的组合影响。李媛和赵道致（2016）在收益共享的寄售契约下，制造商在受到政府碳排放规制下减排敏感性系数对供应链绩效及决策主体利润的影响。计国君等（2016）分析战略顾客行为在不同权力结构下对供应链成员企业最优决策和绩效的影响。李明芳和薛景梅(2016)对不同渠道权力结构对制造商回收闭环供应链决策及绩效的影响进行了研究。周驷华和万国华(2016)研究了IT能力的多维度构成及其对供应链整合和供应链绩效的影响。刘华明和王勇(2017)研究表明,内部整合对供应商整合与客户整合均有显著的正向影响,3PL服务能力对外包企业的供应链整合也具有显著的正向影响,且3PL的增值能力对外包企业的内部整合、客户整合的影响均比基本能力对它们的影响要大得多,供应链整合的三个维度对企业运营绩效也具有显著的正向影响。周驷华和万国华(2017)通过对上海地区382家制造企业的实证分析,研究了电子商务对制造企业供应链绩效的影响。龚旺和郑国华(2017)研究表明,无论对于产品使用寿命周期内的何种模式的产品,退货率、累计时间和产品价格衰减因子是影响系统绩效的关键因素,而不合理的累计时间、高退货率和高价格衰减会明显削弱系统利润。董媛媛等(2018)以供应链核心企业为视角,运用结构方程模型对其供应链动态能力和核心企业知识创新对供应链绩效的影响进行了研究。

2.4 物流客户服务绩效评价研究

物流客户服务可以通过改善服务绩效、增加市场份额、客户大规模定制、创造有效的客户响应系统、客户满意度提高、提供差异化的竞争优势、细分客户市场等成为实现客户和企业价值的重要杠杆;它是有助于开发市场细分战略、创造客户满意的关键营销要素(Mentzer等,2001)。由于绩效评价体系决定了组织的行为方式,并导致了一系列的竞争策略,因此,物流绩效评价体系的成功建立对于客户服务水平起着至关重要的作用(Fawcett和Cooper,1998)。目前,有一些学者对物流客户服务绩效评价进行了研究。

2.4.1 物流客户服务绩效评价指标体系的研究

1. 国外关于物流客户服务绩效评价指标体系的研究

对于物流客户服务的理解学者们从不同角度提出了自己的观点。Ackerman（1989）提出基于运作过程的物流服务定义，他认为除了基本的物流服务价值即客户服务外，物流服务应该扩展到包含几种附加价值的运作物流活动，如包装、条形码及信息系统等，这些都是构成物流服务的重要组成部分。即是说，物流服务仅仅研究客户服务是不够的，还要关注物流过程的各个环节对最终客户满意的影响。Mentzer 等（1991）将物流服务的绩效定义为物流服务的"效果"和"效率"，从交货管理、缺货管理和补货能力三个方面评价物流服务的效果，从库存成本和运营成本的角度来评价物流服务的效率，并提出了物流绩效评价应由点及面，同时注重物流服务的效果和效率的观点。

在诸多的评价体系中，美国凯斯威斯顿大学 Ballou 教授（1992）提出的交易全过程论有较大的影响。Ballou 认为物流客户服务是企业所提供的总体服务中的一部分，因而应从企业的角度讨论服务，然后筛选出物流活动特有的因素，物流服务可分为交易前、交易中和交易后三个阶段，每个阶段具有不同的服务要素，如图 2-2 所示。

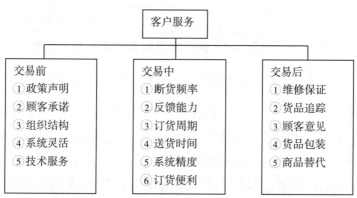

图 2-2 Ballou 提出的交易全过程论中的指标体系

还有一些学者从影响物流客户服务水平因素的角度展开研究。Korpela 等（1998）从可靠性、柔性、客户关系三个物流服务的重要影响因素出发，为每个影响因素选取三个评价指标，并引入层次分析法确定了九个评价指标的权重，构建了一个完整的物流服务绩效评价体系，如图 2-3 所示。Lai 等（2008）研究了基于信息化的协调理论机制对物流组织绩效水平的影响，特别是对物流成本及物流服务水平两大方面的绩效影响。研究结果表明基于企业信息化的协调过程与物流成本绩效水平呈较大的正相关性，但对物流服务水平的影响并不明显，并通过一系列的论证说明了较高的信息化水平并不能带来更高的物流服务水平。从文章的结论中我们可以考虑在设计物流客户服务绩效评价指标时应不考虑或弱化信息化水平这一指标。Liu 和 Xu（2012）运用系统动力学方法分析影响物流外包的成本风险因子以及各因子之间的相互关系，并提出改进物流服务成本和物流服务水平的策略。

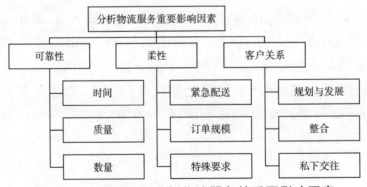

图 2-3　利用 AHP 分析物流服务的重要影响因素

2. 国内关于物流客户服务绩效评价指标体系的研究

国内也有很多学者对物流客户服务绩效的评价指标进行了研究。王焰（2001）认为物流服务绩效应包括七个指标：准时装运率、准时交货率、拣选准确率、订货完成率、品类完成率、存货准确率、差错损失率，同时还对常用的绩效评价标准进行调查，从而设置了物流服务绩效评价的标准。赵培忻和赵庆祯（2003）从交易前、交易中和交易后三个方面提出了一套评价物流客户服务水平的较为完整的指标体系,包括用户需求调查、价格竞争力、辅助用户设计需求、客户服务的书面承诺、客户服务组织机构、系统灵活性、技术服务水平、现货供应能力、订货方便程度、制造信息反馈能力、中途需求调整能力、延期交货能力、库存可得率、订单履行比率、送货频率、提前期稳定性、系统准确性、产品可替代能力、订单处理和配货时间、发运时间和运到时间、应急能力、保修服务水平、维修响应速度、安装、改装及零部件供应水平、产品召回及质量跟踪服务水平、客户投诉、索赔、退货处理、产品包装返还服务水平、维修期内的产品临时替代水平。王文宾等(2006)给出了物流客户服务水平的投入产出简易评价指标体系。李卫华(2010)在充分理解物流客户服务内涵的基础上,通过对影响客户服务的因素的分析,制定出物流客户服务绩效评价指标体系,并且对这些指标进行分析,提出了促进物流企业提高客户服务质量的建议。陈宸(2014)对保税物流企业客户物流绩效评价进行了分析研究。

2.4.2 物流客户服务绩效评价方法的研究

Ellinger等(2008)对295位物流管理人员进行了问卷调查,在对问卷调查所收集的数据进行处理的基础上,提出将物流各项活动进行整合,有利于提高物流客户服务绩效,提出了一种基于客户服务水平的集成化供应链绩效评价的区间数线性规划方法。王文宾等(2006)将DEA与模糊数学理论结合的Fuzzy-DEA方法应用于物流企业客户服务水平的评价。高健(2009)选用PCA,在大量统计数据中综合比较出各企业物流客户服务水平的程度的高低。通过对模型分析结果的比较,探寻各个企业物流客户服务水平差异产生的原因。王勤志等(2010)运用关键绩效指标法(KPI)的思想结合相关矩阵,提取相应的物流服务评价指标作为显变量。然后,通过模型的拟合及修正得到了各评价指标对潜变量的因子载荷及潜变量之间的路径系数。最后,根据这些因子载荷和路径系数来确定物流绩效各影响因素的权重。周淼(2010)采用最小二乘法的方程估计方法,得到该公司物流客户服务绩效影响因素的数学方程式,通过验算,认为物流客户服务绩效与商品流通费用、库站网点数量、职工人数、客户数量、区域GDP产值和竞争对手年销量等直接相关。陈宸(2014)用信息熵理论的熵权多目标评价模型对保税物流企业客户服务绩效评价进行了分析。

2.4.3 第三方物流企业客户服务绩效评价的研究

Briggs等(2010)对第三方物流的客户服务绩效评价体系进行了研究,采用网络在线调查客户方真实需求的方式,得出了当第三方物流企业所服务的客户所经营的企业处于市场环境剧烈变化的行业中时,速度这一性能的良好表现将获得到更高的客户满意度的结论。王鹏姬等(2003)将平衡记分法应用于物流服务企业的绩效评价中,从财务、内部业务、客户及创新与学习能力等四个层面提出了物流企业的绩效评价指标。陈雯等(2007)根据评价第三方物流客户服务绩效的KPI指标体系,建立了基于三角模算子的第三方物流客户服务绩效的灰色模糊综合评判模型。第三方物流客户服务的KPI指标体系包括四个层面,即仓库管理层面、运输管理层面、国际物流管理层面、财务管理层面,每个层面分别用不同的指标来衡量。梁川(2008)提出通过设计针对具体岗位的KPI绩效考核指标,可以有效地提高第三方物流企业的客户服务水平和员工的绩效考核水平,为物流企业客户服务水平的评价提供了另一种思考方式。赵云辉(2009)从影响第三方物流客户服务质量的企业内部和外部出发,基于KPI和感知服务质量模型,以客户满意为评价准则,建立第三方物流客户服务质量概念模型和理论模型。

2.4.4 物流客户服务绩效影响因素的研究

孙晓波和骆温平(2014)通过对 104 家企业的调查,利用因子分析和多元线性回归分析,研究了供应链整合三个维度中的具体整合要素对企业的客户服务运作和客户服务绩效的影响作用。田雪等(2015)通过全国 151 家物流企业的实证分析,利用结构方程模型研究了结构嵌入和关系嵌入通过动态能力的中介作用对物流企业的服务创新绩效的影响。

2.5 物流客户服务忠诚度、满意度、质量研究

2.5.1 物流客户服务忠诚度研究

Oliver(1999)指出顾客忠诚度是指在未来再次购买某种商品或服务时,承诺会始终选择原来的商品或服务,从而导致对同一品牌的重复性的购买,并且这种购买行为不受环境或者营销手段的影响。Garbarino(1999)则认为顾客满意度是以对产品和服务的购买和消费经验为基础的全面性评价。顾客满意度包括与服务人员接触、核心服务和制度的满意程度。Gefen 等(2002)提出物流服务是影响电子商务企业顾客忠诚度的重要因素,并且针对网站物流服务感知设置了服务质量测评量表。Anderson 等(2003)通过研究发现网上交易的顾客满意度对顾客忠诚度有着正面的影响。范秀成和杜建刚(2006)采用结构方程模型研究了感知服务质量的五个维度(可靠性、响应性、安全性、移情性、有形性)对顾客满意和服务忠诚度的影响,并建立了服务忠诚模型。认为不满意并不一定表示离开,满意也并不意味着忠诚。盛天翔和刘春林(2008)运用结构方程模型,探讨了网上交易服务质量的有效性、履行性、可用性和私密性等四维度对顾客满意及

服务忠诚度的影响情况。吕淑丽(2010)利用结构方程模型研究了客户满意度及其转换障碍(包括转换成本、相互关系、替代者的吸引力)对第三方物流企业客户忠诚度的影响。何耀宇和吕永卫(2012)剖析了影响物流服务质量的因素(信息能力、配送能力、售前售后服务能力、匹配能力和创新能力),用结构方程模型验证了这些影响因素与顾客感知满意度和顾客忠诚度的关系。孙晓波和骆温平(2014)利用结构方程模型研究了物流企业主动改进、双边关系绩效与客户忠诚度不同维度的关系。吴忠华(2014)通过实证分析及结构方程模型研究了第三方物流公司心理契约、顾客满意度和顾客忠诚度之间的关系。李雪欣和郁云宝(2015)以电商企业网络营销绩效为研究对象,通过对其内涵、特点、现状、影响因素的深入分析和已有相关研究的借鉴,从员工素质、安全性、顾客服务效果、网站设计效果、网站推广效果、财务状况六个主要方面构建其评价指标体系。Leila 等(2017)研究了标准化和定制化的集成服务对服务质量、客户满意度、客户忠诚度的影响,为企业在为客户服务时制定标准化与定制化的决策提供了依据。

2.5.2 物流客户服务满意度研究

Harward(1969)提出顾客满意程度是购买者对于其所作的牺牲受到适当或不适当的补偿所产生的认知状态。Hempel(1977)认为顾客满意度取决于顾客所预期的产品利益的实现程度,它反映出预期和实际结果的一致程度如何。Oliver(1980)最早提出"期望不一致"理论,即当产品的实际表现超过期望时,顾客认为是满意的;但当期望超过实际表现时,顾客则认为是不满意的。Zeithaml 等(2002)认为"期望不一致"理论不适合于解释网上交易中的顾客满意的问题,顾客在网上交易前常常并不是很清楚自己所期望的是什么,心里并没有一个标准。这也使得学者们更加支持网上交易服务的质量本身是对顾客满意的重要驱动因素。Stank 等（2003）认为物流服务质量的提升将会提高顾客满意度，进而提高市场份额。许国兵和张文杰（2007）构建了包括感知质量、预期质量、企业形象、感知价值、顾客忠诚度和市场环境等一级指标和 26 个二级指标的物流外包满意度评价指标体系，并把网络层次分析法作为物流外包满意度评价的方法。郑兵等（2008）构建了影响第三方物流客户满意的七个服务质量前因，包括时间质量、人员沟通质量、订单完成质量、误差处理质量、货品完好质量、灵活性和便利性等，并运用直接测量感知期望差的物流服务质量测量方法，在服装行业验证了这七个前因，提出了其影响权数。刘明和杨路明（2015）构建了快递物流企业服务质量的评价指标体系，借助李克特量表法（Likert Scale）设计调查问卷并发放，运用 SPSS19 进行数据分析，采用因子分析法对预先构建的质量评价指标体系进行调整和修改，最终从确定后的评价体系中发现新的问题并提出相应的改进措施和建议。

2.5.3 物流客户服务质量相关研究

1.物流客户服务质量研究

国外学者关于物流服务质量的研究最早是 Perreault 和 Russ 在 1974 提出的以时间、地点效用为基础的 7Rs 理论。该理论认为物流服务产生的效用能够创造部分产品价值。在此之后，Lalonde 和 Zinszer（1976）重新对物流服务质量的内涵进行界定，认为物流服务是以满足顾客需求、保证顾客满意度为目的的活动。Parasuraman 等（1988）建立了 SERVQUAL 服务质量感知模型，该量表将物流服务质量划分为五个基本维度，分别是有形资性、可靠性、响应速度、信任和移情作用。Meltzer 和 Gomes 等（1989）考虑科学性原则，提出物流服务实际包括顾客营销服务和物流配送服务两部分，弥补早前对物流服务评价尺度不完善的缺陷，此观点得到了多数学者首肯。对物流服务的质量最新且较为完整的定义则是美国 Tenessee 大学 2001 年的研究成果，该研究通过深入调查提出了度量物流服务质量的 9 个指标,分别是人员沟通质量、订单释放数量、信息质量、订购过程、货品精确率、货品完好程度、货品质量、误差处理和时间性。而在近期文献研究中,Juntunen 等(2014)通过建立研究模型,提出服务忠诚度的两个前提:服务质量和降低成本,从而解释客户潜在的忠诚度等级。Limbourg(2016)提出成本最小化是管理物流服务的一个关键目标,对物流服务质量的研究有了新的突破。Sohn 等(2017)采用卡诺分类法对物流服务质量进行分类,利用 Kano 二维质量模型对物流服务质量进行评估,为中小企业如何管理物流服务质量,提高客户满意度提供了有用的信息。Murfield 等(2017)基于经验和调查验证物流服务质量的条件、可用性和及时性对满意度和忠诚度的影响,首次尝试在全渠道供应链中概念化物流服务质量。Hsu 等(2018)将电子商务信息模型与电子服务质量量表结合,利用卡诺质量模型评估关键服务质量特征。

在国内,诸多学者不断更新研究视角对物流服务质量进行研究。王之泰(1995)以物流企业自身为研究视角从十二个方面对物流服务质量进行具体说明。程国平等(2005)在以往研究基础上提出基于服务质量进行物流绩效评价的观点,并构建出一套相关物流绩效评价指标体系。近期研究中,谢广营和韩云霞(2016)以调研所得有效问卷为基础,构建网购物流服务质量(OP-LSQ)量表。研究表明,网购物流服务质量的测量应包括服务信息质量、订单交付质量、配送可靠性、配送信息质量、签收灵活便利性、签收质量、退货质量七个衡量维度。李敏和孙琪(2017)基于可拓学相关理论构建物流服务质量指标评价体系,从而实现在 B2C 电商环境下的物流服务质量等级评价。山红梅等(2018)基于云模型理论以期对快递业物流服务质量评估提供新方法。

2.O2O 电子商务服务质量研究

Zeithaml 等(2002)认为企业提供服务的质量与用户期望不一致是制约电子商务发展的重要因素。因此,在激烈竞争的电子商务市场中良好的服务质量本身就是一种差异化战略,随着用户群体的不断壮大,用户对 O2O 服务质量越来越关注,服务质量是直接影响用户满意度和购买意图的最重要因素(Chia 等,2012)。于本海等(2015)分析了用户线下体验和商户线下存在两个社区 O2O 特征变量对消费者接受意向的影响。侯振兴等(2016)从人机交互和人际交互两个方面构建了由客户服务、可靠性、平台质量、互动体验、物流配送和隐私与安全等 6 个维度、31 个因素构成的基于交互视角的 O2O 电子商务服务质量评价模型。李艳艳和程钧谟(2018)从消费者服务和线下商家服务两个视角入手,建立了 O2O 模式下电商企业客户服务评价指标体系,并找到了提高 O2O 电商企业客户服务水平的关键指标,如消费者服务方面的产品质量、售后保障、环保性等,线下商家服务方面的营业收入、客户流量、节约成本等。

2.6　本章小结

近年来,学者们在供应链及物流绩效评价方面做了许多有益的尝试,一般是对指标体系的设计和方法进行了研究,而且体现了随着时代背景的变迁评价指标及其权重的变化,评价方法也不断地发展和完善。相对而言,关于物流客户服务绩效评价的研究多集中在物流企业自身的绩效评价,或者对第三方物流企业(也有的学者称之为第三方物流服务商)的绩效评价,鲜见从供应链的角度研究物流客户服务绩效评价指标与方法。因此,本书拟从供应链视角研究物流客户服务绩效评价问题,为评价物流客户服务绩效水平,进而提升供应链绩效提供新的研究思路,也将进一步完善供应链物流管理理论。同时,根据对现有文献的研究发现,多数学者选择了财务、柔性、响应性、可靠性等指标作为绩效评价的指标,而基于供应链视角的物流客户服务既要考虑单个物流客户服务商的利益,又要考虑整个供应链的组成成员的利益及整体绩效提升问题。所以,本书拟选用时间、成本、质量等作为绩效评价的指标。关于绩效评价方法方面,德尔菲法被认为特别适用于目标数据无法获取,研究问题不能精确清晰地被数学分析方法所描述,缺乏较为完善和统一的实证研究结论,实验研究不可能或是不被允许进行时等情况。对于本书,供应链视角下物流客户服务绩效的评价和其他绝大多数的绩效评价问题相类似,因而本书也采用该方法用于评价指标的设计。另外,模糊层次分析法可以有效处理多因素决策制定问题中的不精确和不确定的问题,也让专家在打分时更容易确定两两比较的结果。由此,本书采用模糊层次分析法来确定指标权重。另外,为确保研究结果的可行性,本书还将采用深度访谈和问卷调查等方法对理论研究结果进行调整。

3 物流客户服务绩效评价特点分析与评价方法选择

根据第二章文献综述,供应链系统绩效评价研究是目前研究供应链物流方面的热点之一。而供应链绩效评价常用的评价方法有以下几种:财务比率评价法、经济增加值评价法、价值评估法(EVA)、平衡记分卡、关键指标法、主成分分析法、标杆瞄准评价法、功效系数法、全方位绩效看板评价法、专家评价法、运筹学法和其他数学法。其中,平衡记分法在评价指标构建时考虑其他利益相关者;主成分分析法是指采用降维思想,把多指标转化为少数几个综合指标的统计方法;功效系数法是根据多目标规划原理,对每一项评价指标确定一个满意值和不允许值,以满意值为上限,以不允许值为下限,计算各指标实现满意值的程度,并以此确定各指标的分数,再经过加权平均进行综合,从而评价被研究对象的综合状况的方法;全方位绩效看板评价法是将绩效评价确定为一个完整的管理过程,强调绩效评价必须重视企业运营中的多方面因素并加以整合的一种方法;模糊综合评价法是一种基于模糊数学的综合评标方法,它根据模糊数学的隶属度理论把定性评价转化为定量评价,即用模糊数学对受到多种因素制约的事物或对象做出一个总体的评价;灰色关联分析法通过计算各待评项目与参与序列的关联程度,根据最大关联度原则,来评判、比较方案的优劣;数据包络分析法通过明确地考虑多种投入(即资源)的运用和多种产出(即服务)的产生,用来比较提供相似服务的多个服务单位之间的效率。

相比于供应链绩效评价,着眼于物流客户服务绩效的评价,由于视角不同分析方法存在较大差异。从已有的研究来看,其分析方法主要有三类:定性评价、定量评价和定性与定量的综合评价。但总体来说,物流客户服务绩效评价的方法主要借用的是供应链绩效评价或者物流绩效评价的方法,且多少文献并未阐述为什么用某种方法来评价。所以在本章研究物流绩效评价方法时,首先分析了物流客户服务绩效评价的特点,再对各种绩效评价方法进行具体阐述,并对其优缺点及适用范围加以比较分析,最后结合本书的研究思路提炼出适合的研究方法。

3.1 物流客户服务绩效评价特点

3.1.1 物流客户服务特征

物流客户服务是指为满足客户需求所实施的一系列物流活动过程及其产生的结果。通过客户服务使发生在买方、卖方及第三方之间交易中的产品或服务实现增值,物流客户服务的本质是使客户满意。具体说来,物流客户服务主要具有以下特征。

1. 物流客户服务的从属性

客户企业的物流需求不是凭空由自己创造出来的,而是以商流的发生为基础,伴随着物流的发生而产生的。因此,对于客户的需求而提供的物流客户服务,具有明显的从属于客户企业物流系统的特征。主要表现在:流通的货物种类、流通的时间、流通的方式,甚至是自行提货还是靠物流配送等都由客户企业自己选择和决定,而物流客户服务商则是按客户企业的需求,被动地提供服务。这在客观上决定了物流客户服务商提供的物流服务具有被动性,受客户企业的制约。

2. 物流客户服务的即时性

物流客户服务商提供的物流服务是一种伴随销售和消费同时发生的即时服务,它的生产就是销售,它同其他的服务类型有同样的特点,即不像有形产品那样可以长期存储。通常,有形的商品需要经过生产、贮存、销售才能完成交换过程,可以通过库存来调节供求关系。而物流客户服务的生产就是销售,它的这种即时性特征决定了当出现物流客户服务需求的高峰或低谷时,容易出现供求矛盾。

3. 物流客户服务的差异性

由于物流系统提供服务的能力、服务对象、服务主体、服务时间、服务地点和服务方式不同,使物流客户服务产生差异。同时,在物流服务过程中,客户对服务会产生不同的认识和评价,从而导致物流服务商为满足不同客户的需求而要提供个性化、柔性化的物流服务。因此,物流客户服务的水平及构成要素经常发生变化,很难统一界定。

4. 物流客户服务的网络性

由于物流客户服务的生产和消费是不可分离的,所以物流服务商往往将生产和消费场所融为一体,由此决定了各个物流服务网点只能为某一区域的消费者服务,企业必须建立物流网络才能满足所有客户的需求。

3.1.2 物流客户服务绩效评价应遵循的原则

客户是企业依存的基础。现代企业管理要求企业以客户为导向,为客户创造价值。从客户的角度来评价物流绩效是供应链管理的要求,是未来发展的趋势。物流客户服务绩效评价着眼于客户服务和客户价值,以此为关注点来对企业的物流绩效进行全方位的评价,能够较好地反映企业内部运行效果和外部服务效果。因此,基于供应链视角的物流客户服务绩效评价应遵循以下原则。

1.目标统一原则

建立基于供应链视角的物流客户服务绩效评价体系的目的在于能够通过不断提高物流客户服务水平有效推动供应链的持续改进。因此,应建立与供应链战略目标一致的,能够反映整条供应链业务流程和运行情况及供应链各个节点企业之间关系的物流客户服务绩效评价指标体系。也就是说基于供应链视角的物流客户服务绩效评价体系的建立要从整个供应链出发,而不是单纯地从供应方或需求方某个单一角度去评价物流客户服务绩效。

2.及时动态原则

由于事后控制比事前控制和实时控制造成的危害和损失要大得多,因此,物流客户服务绩效评价应在评价流程开始就要予以重视,制定合理、准确的绩效评价标准,在运用物流客户服务绩效评价实施过程中,也应及时、准确地对实际绩效进行评价,反馈评价结果并制定相应的改进措施,通过不断完善物流客户服务方案,以持续改进物流客户服务绩效水平。为此,物流服务提供企业与客户间需要紧密合作、信息共享,为实时的绩效评价带来较好地便利条件。

3.定性与定量相结合原则

基于供应链视角的物流客户服务绩效评价指标的制定要综合考虑影响供应链物流客户服务绩效水平的定量和定性指标。各种指标都要有明确的概念,对无法量化的定性指标需说明其含义,对定量指标要给出量化的公式,从而能清晰地反映指标的性质。

4.重点突出原则

基于供应链视角的物流客户服务绩效评价不但涉及单个节点企业的物流客户服务绩效水平,同时还要考虑该节点企业的服务绩效对整个供应链上其他节点企业的影响。同时企业与客户之间存在着不同的、甚至相互冲突的目标,因而建立基于供应链视角的物流客户服务绩效评价体系时要考虑的因素较为繁杂。基于系统最优的原理,绩效评价体系的建立需要分析在供应链物流运行过程中关键的运行环节,确定对绩效改进和客户满意度有关键影响的重要指标,避免对所有因素面面俱到地分析和评价,这样才能有的放矢地提出改进措施,通过不断完善物流客户服务水平提高整个供应链的绩效。

3.2 绩效评价模型与方法分析

3.2.1 供应链绩效评价模型简介

在供应链绩效评价研究中,最著名的是成熟度模型,它最早出现在质量管理研究中,往往用于确定不同层次的供应链。此后在这一方法的研究中最成功的应用是能力成熟度集成模型(CMMI),成熟度分为未经控制、经过管理、经过定义、定量管理及最优化这五个等级。该模型自从 20 世纪 90 年代开始出现,为了提高产品和服务的开发及维护的效率、效益而被运用于各大软件工程研究所,实际运用时往往贯穿产品或服务的设计到维修这整个生命周期。成熟度模型主要运用于工程类项目,以实施过程中达到最大成熟度的过程描述为基础,达到每个等级的成熟可以实现绩效上的增量和持续改善。这些以质量管理为基础的成熟度模型面向实施过程,引用好的实践方法使组织绩效改善,在供应链管理的领域中有许多学者在其他人的质疑下已经论证了成熟度等级和供应链绩效之间存在着联系(Simatupang 和 Sridharan,2004;Lockamy 和 McCormack,2004;Cohen 和 Roussel,2004;Trkman 等,2007),就这种相似关系而言,他们认为供应链绩效是一个逐渐演化的过程,比如涉及建立在对价值创造原理理解的基础上的"客户定制"的实施,可以使供应链绩效有所提升。而值得注意的是,从一个层次上升到另一个更高的层次通常是与最好方法的实施相关的。

20世纪90年代,确定性绩效评价系统开始被人们重点关注。而它最主要的目的是设计出一种在规模上能与公司策略相匹配的评价系统(Neely 等,1995)。现在已经有大量的评价系统,而它们都始于平衡记分卡或者业务卓越模型(EFQM,2010)。这些模型主要适合于评价一些自治个体(公司、子公司、事业单位等),但它并不包括那些创造价值的公司。之后一些量化模型开始被定义并且应用于供应链某一组成部分的研究中(如合作、人力资源管理、持续性等)(Gunasekaram 等,2001,2004)。以下介绍并分析了16个知名的供应链绩效评价模型以及它们的特性,见表3-1。

表 3-1　供应链绩效评价模型以及其特性

模型/特点	所用的分析种类	概念化程度	制定的指标	条件和限制
1-ABC:作业成本模型	分析费用和利润;核算多样的成本,而不仅仅是投资回报率的简单计算	将会计数据融入"活动";按照它们的逻辑将活动分类	与战略一致的金融试点指标;绩效改善内部标杆	要深入了解公司活动和流程
2-FLR:物流研究框架	描述绩效实现、物流组织和竞争战略之间的依赖性;强调绩效评价的相对性	将物流功能转变为几个特征性质(集中化、形式化、一体化和区域可控性)	没有定义指标,但是能够使用内部标杆	适用在组织和战略层面
3-BSC:平衡记分法	寻求平衡的措施来支持公司战略;提出四项分析轴:客户,财务,内部流程和创新增长;绩效评价时考虑人的因素	建立各绩效分析轴之间的因果关系;详细说明客户和财务之间的因果关系	选取的指标取决于公司目标;测量必须平衡源于企业内部功能和外部环境所产生的需求	传统自上而下法;专门面向一般管理;从组织层面到战略层面

模型/特点	所用的分析种类	概念化程度	制定的指标	条件和限制
4-SCOR：供应链运作参考模型	分析四个方面：商业绩效的可靠性、灵活性/响应速度、供应链成本和承诺资本的周转	模型流程：计划、采购、制造、配送和退货；用通用的语言将供应链中不同的因素标准化；基本概念的定义；进程、进程类型、管理模式	指标的定义通过计算模式来解释；将指标与每个流程相结合；让内部和外部评价结果相互比较；建议用"最好的一流的"指标	适用于所有的工业和服务业公司；适用于战术和操作层面实施公司战略计划的决策；有助于整合供应链中的不同因素
5-GSCF框架	描述三种等级：战略层面、战术层面和操作层面；突出供应链结构和流程的联系	关注八个流程：客户关系管理、客户服务管理、需求管理、订单履行、制造流程管理、供应商关系管理、产品开发和商业化管理、退货管理	使用内部标准	适用于所有类型的公司
6-ASLOG审计	模型包括200个绩效评价问题；通过分析优势和劣势来评价物流程序；寻求实现卓越水平并落实好做法的横向工具	分析的范围：管理、战略和规划、设计和规划、采购、生产、运输、库存、销售、退货和售后、近期和长远发展方向	使用内部标准	模型面向于小企业；具有较低或者中等成熟度水平的公司
7-SASC：战略审计供应链	按流程、信息技术和组织来分析供应链	将供应链分解成六方面：客户导向、分配、销售计划、精益生产、供应商合作伙伴关系和供应链综合管理；信息技术和供应链组织间的衔接能力	内部标准	运用于组织层面

模型/特点	所用的分析种类	概念化程度	制定的指标	条件和限制
8-全球EVALOG（Glob-al MMOG/LE）	评价合作伙伴设置的流程和绩效，追求持续改进的方法	结构化成六部分：战略和改善、工作安排、生产计划、客户层面、过程控制以及供应商层面	六个标准指标；模型评价在供应商客户的关系方面的运作绩效	为汽车业开发，但是也运用于其他相关行业（金属制造、化工）
9-WCL：世界级物流模型	评价企业在其能力范围内的组织间的关系表现；模型包含68个问题	围绕四个方面的能力：配置、敏捷性和绩效评价	评价成员的集成程度；对供应概念的控制程度进行评价	应用于战略与组织的层面
11-SCM/SME	问卷设有25个模块	围绕需求管理、销售、进口/出口流量、库存、生产、采购、退货、售后服务支持和可追溯性	提供内部基准	主要应用于快速消费品行业中的小型企业
12-APICS：美国运营管理协会	分析创新和客户服务管理、效率驱动力、敏捷、风险控制、可持续性	模型的构建主要面向生产计划	分成多个绩效管理指标	主要应用于工业企业
13-ECR：有效客户响应	评价组织间有益的实践行为；使用基于成熟度的评价工具：整体映射方法	建立了基于供应链成员联合绩效评价的共同语言；45个标准结构分为四个领域：客户需求管理、供应链管理、技术平台和集成化	通过13个绩效评价指标，实现部门间比较	聚焦于快速消费品行业中制造企业与分销商的合作
14-EFQM：卓越模型	50个问题的问卷调查；定位于卓越的受访者；包含过程有效性、产品与服务的持续改进、人员管理和发展	基于八大原则：客户导向、领导能力、目标的确定、基于过程的管理、员工参与、不断创新过程、发展伙伴关系和公民责任	一般指标（利润、现金流、库存周转率等）；有关客户与职员满意度指标和公司与其他的社会资源的整合程度	适用于所有类型的企业

续表

模型 / 特点	所用的分析种类	概念化程度	制定的指标	条件和限制
15-SCALE：供应链顾问等级评价模型	通过问卷调查评价战略和战术方面及价值创造的元素	58 个过程分为六类活动：战略目标的确定、程序建立、需求计划、协调、绩效评价和监控、供应链优化	对所创造的价值进行评价	开发活动的所有部门
16-SPM：战略盈利模型	通过财务比率展示战略与运作层之间的相关性	基于杜邦模型	财务比率	基于成本驱动的战略和财务的实施；基于资产收益率或净值报酬率的测算

（1）作业成本模型（Activity-based costing，ABC）。20 世纪 80 年代提出,旨在分析成本和利润,但却不仅仅是计算投资回报率。它的设计是根据业务流程逻辑将所有业务进行分类并且紧密结合会计数据。该模型的使用条件是必须对公司的活动和流程有深入的了解。

（2）物流研究框架（Framework for logistics research，FLR）。20 世纪 90 年代发展而来,它描述了绩效达成水平、物流组织和竞争策略之间的依存关系,并且将物流功能转变为几个特征性质（集中化、形式化、一体化和区域可控性）。

（3）平衡记分卡。开发于 20 世纪 90 年代,旨在寻求平衡的措施来支持公司战略。该方法提出四个方面的分析轴：客户、财务、内部流程和创新增长,并包含了绩效评价的人为因素影响,目的在于建立各分析轴绩效之间的因果关系。

（4）供应链运作参考模型。1996 年由美国供应链协会完善确定,目的在于分析商业绩效的可靠性、灵活性 / 响应能力、供应链成本和资金周转率等四个方面。模型中的指标定义是通过计算模型和指标协会确定的。该方法适用于所有工业和服务业公司,在战术层和操作层实施公司战略计划决策。

（5）GSCF框架。由俄亥俄州立大学1994年创建,它阐述了供应链管理的三个层面(战略、战术和操作),并且强调了供应链过程和结构之间的联系。这一框架体系关注八个流程:客户关系管理、客户服务管理、需求管理、订单履行、制造流程管理、供应商关系管理、产品开发和商业化、退货管理。

（6）ASLOG审计。由ASLOG在1997年创建,根据在汽车行业中使用的模型提出的。它通过对优势和弱势的分析来评价物流流程,是一个将好的实施经验用于处于低成熟或中等成熟企业的横向工具。它解析了以下方面:管理、战略和规划、设计和规划、采购、生产、运输、库存、销售、退货和售后、近期和长远发展方向。模型面向小企业及具有较低或者中等成熟度水平的公司。

（7）战略审计供应链(Strategic audit supply chain,SASC)。出现于1999年,分析了供应链在流程、信息技术、组织三方面的组织水平。它的原理是将物流链分解成六个部分:客户导向、分配、销售计划、精益生产、供应商关系、供应链战略管理,同时关注将信息技术和供应链的组织联系在一起的衔接能力。

（8）全球EVALOG（Global MMOG/LE）。由奥黛特国际有限公司和汽车产业行动小组在1999年提出,它评价合伙企业设置的流程和绩效,追求持续改进的方法。它结构化为六个方面:战略和改善、工作安排、生产计划、客户层面、过程控制和供应商层面。该模型评价在供应商与客户的关系方面的运作绩效。尽管它是为汽车业而创造的,但也可以用于其他相关企业(金属制造、化工)。

（9）世界级物流模型(World class logistics,WCL)。由密歇根州立大学在20世纪90年代提出,通过一个包含68个问题的模型评价企业在其能力范围内的组织间的关系表现。它以配置、集成化、敏捷性和绩效评价这四方面的能力为中心。

（10）AFNOR FD X50-605。2008年提出,它为战略思考和对不同物流过程的定义提供了一般性审计方法。它将绩效水平和每一个过程联系在一起,包括六个主要部分: 需求识别与目标设定、物流系统设计与开发、生产、销售和配送、物流支持系统以及物流整体过程控制。

（11）SCM/SME。2007 年在中小型企业背景下提出,由一个包括 25 个模块的问卷构成,涉及企业战略、组织和物流能力发展、绩效流程与评价、信息系统等。模型构建主要围绕需求管理、销售、进出口流量、库存、生产、采购、退货、售后服务支持和可追溯性等方面。

（12）APICS 运营管理协会(Association for operations management)。由 APICS 专业协会在 2000 年提出,分析企业运营中的创新和客户服务管理、效率驾驶、灵活性、风险控制和稳定性。

（13）有效客户响应(Efficient customer response)。由一个制造商和分销商构成的 ECR 组织在 1994 年提出。它评价了良好的组织间的实践活动,并且运用以成熟度为基础的评价工具: 整体映射法。建立了基于供应链成员联合绩效评价的共同语言,它分别在以下四个领域建立了 45 个标准: 客户需求管理、供应链管理、技术平台和集成化。

（14）EFQM 卓越模型(Excellence)。1992 年提出,以一个包含 50 个问题的调查问卷开始,受访者定位在具有卓越规模的企业。这种模型适合于所有类型的企业。它基于八项原则: 客户导向、领导能力、目标的确定、基于过程的管理、员工参与、不断创新过程、发展伙伴关系和公民责任。

（15）供应链顾问等级评价模型(Supply chain advisor level evaluation)。20 世纪初由卓越供应链管理协会为所有活动部门提出。它以一张评价战略战术方面和价值创造因素的问卷为中心。它将 58 个程序归类为以下六类活动: 战略目标的确定、程序建立、需求计划、协调、绩效评价和监控、供应链优化。

（16）战略盈利模型(Strategic profit)。2002 年由杜邦模型演变而来,它借助于财务比率证明了战略和运作层面之间的相关性。它使用的条件是基于资产收益率或者净值报酬率的测量及基于成本驱动的战略和财务的执行。

3.2.2 供应链绩效评价方法分析与选择

1. 供应链绩效模型分析

表 3-2 给出上述各种评价模型之间的异同点。接下来,可以从以下八个方面分析每一种模型的特性,从而在某一特定情况下选择最合适的绩效模型。

(1)决策的层次。不仅包括决策主体在组织内层级的高低,也包括决策在时间和空间上的跨度大小。战略层决策倾向于使用长期资源管理类的模型,而战术层决策则倾向于使用短期的、以运作管理类模型为主的方法。

(2)评价对象的类型(实体物流、信息流、资金流)。在普遍接受的定义中,物流包括实体流和信息流。最初,实体流的最优化是有效物流管理中最主要的方面,也导致了在当时情况下基于实体流的效率评价是供应链绩效评价中最主要的部分(Fabbe-Costes 和 Colin,2007)。随着理论和实践的发展,通过信息系统来管理物流,能在成本和服务这两个传统绩效评价方面达到更好的效果(Cooper 等,1997;Lee 等,2000),这其中就将以信息流为主导;而资金流导向也同样能够评价供应链创造的价值。

(3)供应链的成熟度。在比较各种绩效评价模型时,需要分析供应链在生命周期中发展到了什么阶段,一般可以选择 Pache 和 Spalanzani(2007)提出的理论分析这一问题,它用一个分析矩阵来分析供应链中的内部组织关系的成熟度,最终给出五级评分方格。供应链成熟度的不同会在一定程度上影响供应链绩效评价方法的适用性。

表 3-2　绩效评价模型矩阵

		BSC	SPM	ABC	SCOR	SCALE	APICS	ECR	EFQM
决策层	战略层	√	√			√	√	√	√
	战术层			√	√	√	√	√	√
	运作层			√	√				
流动类型	实物流				√	√	√	√	√
	信息流	√			√	√	√	√	√
	资金流	√	√	√					
供应链成熟度层次	组织内部	√	√	√					√
	组织间		√	√	√			√	
	扩展组织间		√	√		√			
	多链条型		√		√				
	社会型	√			√	√			√
标杆类型	内部	√							
	外部		√		√	√			
实际应用	中小企业								
	零售业							√	
	工业						√	√	
	服务业								
	各行业	√	√	√	√	√			√
质量因素					√				√
人力资本		√			√				√
可持续性		√			√		√		√

续表 3-2　绩效评价模型矩阵

		FLR	GSCF	SASC	WCL	ASLOG	EVALOG	AFNOR	SCM/SME
决策层	战略层	√	√	√	√			√	√
	战术层	√	√	√	√	√	√	√	√
	运作层	√	√			√	√		
流动类型	实物流		√	√	√	√	√	√	√
	信息流	√	√	√	√	√	√	√	√
	资金流				√			√	

供应链成熟度层次	组织内部	√	√	√	√	√	√	√	√
	组织间		√	√	√		√	√	√
	扩展组织间								
	多链条型								
	社会型							√	√
标杆类型	内部	√	√	√	√	√	√	√	√
	外部				√		√		
实际应用	中小企业								√
	零售业								
	工业						√		
	服务业								
	各行业	√	√	√		√		√	
质量因素					√			√	
人力资本					√				
可持续性								√	√

（4）环境因素。环境就相当于约束，使得公司在一个给定的系统中做出有限制的行为（Bazire 和 Brezillon，2005）。这样，绩效评价就必须被看成是在一个给定供应链活动部分的环境或者是在一个组织环境中进行的。反过来，这就会帮助这个问题中的模型更快地变得适合。同时，当这种评价模型被应用，那么检验比较或者其他任何涉及这种其他组织在追求的方法都将变得更难，这可能导致系统的突然变化或者绩效的显著提高。

（5）质量因素。质量对组织和绩效有影响，越来越多的企业开始将质量管理方法加入物流的观念中。现在的管理系统趋向于寻找基于客户和员工满意原则的全面质量，这就涉及全体员工所共享的品质概念的发展。而值得注意的是，企业不仅仅争取达到质量要求，而更多的是达到卓越水平，这些想法基于包括对持续改进的关注在内的更广阔的可视品质。这一领域受到学界和业界人们的广泛关注,因此确定一种融入了卓越质量因素的供应链评价模型是非常有价值的。

（6）人力资本。这一因素在供应链组织和供应链绩效中扮演着非常重要的角色,它将知识的价值和来自于经验积累的能力结合起来,使得人力资源管理成为企业的一种非常重要的资源。因此,目前供应链的绩效评价方法很大程度上依赖于人力资源因素。

（7）可持续性。那些将可持续性发展融入他们的活动和战略中的企业,关注的重点之一就是环境问题。可持续性的焦点是保护环境,整体经济和社会发展。一个可持续性供应链（包括了任何逆向物流过程）,都将改善原材料以及与供应商、制造商和最终消费者相关的服务流对社会、环境和经济的影响。

值得注意的是,并不是所有的绩效评价模型都有相同的特征,无论它是否涉及决策层,对国内或国外标准的应用或者是从一种成熟水平的供应链变成另一种的方法。基于这些条件,在某一个组织中模型是如何发挥作用的现在还没有清晰的特性描述,证明对这些模型的类型的确定是合理的。这将主要以供应链成熟层次为中心并且表明在任意和所有的组织水平,他们都应该运用给定的模型来达到某一种供应链绩效。

2. 模型选择

在选择绩效评价模型时,需要对同一条供应链中不同节点企业的价值创造进行定义,并在此描述及定义基础上应用相关评价模型。从某种意义上来说,表3-1是一种总结性表格,通过识别企业在供应链中所处的地位、作用及根据定义识别出其应当使用评价模型的类型,实际上,其中所提出的绩效评价模型总体上分为两大类。

（1）主要面向企业内部分析的组织绩效评价模型（如ASLOG, ABC, SCM/SME 等）。主要适用于那些供应链成熟度已经在1、2级的企业,它们往往追求供应链内局部改进效果。模型的评价本质上是组织内部或者之间的评价并且没有超过供应链现有功能结构的绩效评价范畴。尽管对供应链内部特点是节点企业间业务联系的绩效评价非常重要,但由于这种评价是对供应链中各节点企业独立进行,并没有对各节点企业之间的相关性作过多关注,因而这种绩效评价模型存在一定的不足。

(2)全面概述式供应链评价模型。这类模型讨论的范围从供应链最前端一直延伸至供应链最终端,讨论内容涵盖供应链中财务、组织及社会性等诸多方面的绩效评价(如 SCOR,WCL,SCALE 等)。这类模型适用于那些供应链成熟度在3、4、5级的企业或者其他期望达到此种级别的企业,它们往往会被整合于较为复杂的供应链网络中,并期望借助延伸供应链网络所形成的国际组织型、多渠道供应链来提升企业自身绩效。

同时,这两类模型能够将企业的成熟度和它所选择的未来发展方向及趋势联系起来。通过这种方式,管理人员能够对各类模型进行甄别,并选择其中最适应企业发展需要的类型。此外,这些绩效评价模型,也构成了供应链企业管理的工具,可以用来构建各类不同节点企业所期望能够达到的标准水平。

根据供应链绩效评价应遵循的原则,供应链绩效评价指标主要是反映供应链整体运营状况以及上下节点企业之间的运营关系,而不是孤立地评价某一供应商的运营情况。例如,对于供应链某一供应商来说,该供应商所提供的某种原材料价格很低,如果孤立地对这一供应商进行评价,就会认为该供应商的运行绩效较好,其上层节点企业如果仅仅考虑原材料价格这一指标,而不考虑原材料的加工性能,就会选择该供应商所提供的原材料,而该供应商提供的这种价格较低的原材料的加工性能不能满足该节点企业生产工艺要求,这势必会增加生产成本,从而使这种低价格原材料所节约的成本被增加的生产成本所抵消,所以,评价供应链运行绩效的指标,不仅要评价该节点企业(或供应商)的运营绩效,而且还要考虑该节点企业(或供应商)的运营绩效对其上层节点企业或整个供应链的影响。

现行的企业绩效评价指标主要是基于功能的绩效评价指标，不适用于对供应链运营绩效的评价。而供应链绩效评价指标是基于业务流程的绩效评价指标。随着供应链管理理论的不断发展和供应链实践的不断深入，客观上要求建立与之相适应的供应链绩效评价方法，并确定相应的绩效评价指标，以科学客观地反映供应链的运营情况。供应链绩效评价指标有其自身的特点，其内容比现行的企业评价指标更为广泛，它不仅仅代替会计数据，同时还提出一些方法来测定供应链是否有能力及时满足用户或市场的需求。在实际操作上，为了建立能有效评价供应链绩效的指标体系，在衡量供应链绩效时应遵循如下原则：①应突出重点，要对关键绩效指标进行重点分析；②在衡量供应链绩效时，要采用能反映供应链业务流程的绩效指标体系；③在衡量供应链绩效时，指标要能反映整条供应链的运营情况，而不仅仅是反映单个节点企业的运营情况；④在衡量供应链绩效时，应尽可能采用实时分析与评价的方法，因为能反映供应链实时运营的信息要比事后分析有价值得多；⑤在衡量供应链绩效时，要采用能反映供应商、制造商及用户之间关系的绩效评价指标。

3.2.3　物流客户服务绩效评价方法简介

相比于供应链系统的绩效评价，着眼于物流企业客户服务的绩效评价一般可以分为内部绩效评价和外部绩效评价两部分，其中内部评价是对物流节点中的如仓储、运输、配送、加工、包装等的评价，也就是对企业自身运营的基础性评价。根据内部评价才可以确定对客户的服务水平、服务能力和满足客户要求的最大限度，由此才能做出既不失去客户，又不因过分满足客户要求而有损自身利益的有效决策。物流企业的外部绩效评价具有客观性，常采用的方法主要有两个：一是客户评价，可以采用诸如专家评价、问卷调查和客户座谈等方法进行评价，也可以采用选择模拟的或者实际的"标杆"进行对照，进行对比性评价；二是采用计算机模拟技术,用虚拟现实的方法,对物流系统的总体做出有效而准确的绩效评价。

对物流客户服务绩效评价方法的研究主要集中于理论研究,大多需要较多的数学和定量分析知识,对一般管理者而言,其分析过程相对比较复杂,加大了对评价方法的理解和掌握的难度,这就导致许多方法的应用范围比较狭窄。因此在研究物流客户绩效评价方法时,首先应对各类评价方法的建模过程及分析过程进行具体阐述,并加以比较分析,然后进一步结合研究思路提炼出适合的研究方法。目前,物流客户服务绩效评价主要使用以下方法。

1. 德尔菲法

由美国兰德公司于20世纪50年代初期提出,最早用于预测,后来推广应用到管理决策。德尔菲法是一种可以获取一组专家对于某一问题的独立判断的系统交互式方法,按照事先确定的准则选择专家组成员,并要求每位专家参与两至三轮的结构化问卷调查。在每一轮结束之后,研究人员将提供一份上一轮调查中专家输入的匿名汇总,作为下一轮问卷调查的一部分反馈给专家。在接下来的一轮中,专家被建议阅读其他专家组成员的匿名意见,并考虑是否修改他们之前的意见。这样做的可以减少回复意见的多样性,达到群体对于正确的有价值意见的统一。最终,这一过程在达到事先决定的准则之后结束(如达到预设的轮次数,或意见达到预设的统一程度),最终一轮意见的统计值决定了最终结果,其流程如图3-1所示。

2. 层次分析法

由美国运筹学家塞蒂(Saaty T.L.)于20世纪70年代首先提出,它是一种将定性与定量分析相结合的、系统化、层次化的多方案或多目标决策的方法。其原理是通过分析复杂系统所包含的因素及相关关系,将系统分解为不同的要素,将这些要素按支配关系分组,以形成有序的递阶层次结构。将每一层次的各要素进行两两比较判断,按照一定的标度理论,得到其相对重要程度的比较标度,建立判断矩阵。通过计算判断矩阵的最大特征值及其相应的特征向量,得到各层次要素对上层次某要素的重要性次序,从而建立权重向量。它作为一种综合评价方法,反映了决策者偏好,而且由于成对的比较矩阵是决策者主观设定的,因而存在相对的稳定性。其特点是:分层确定权重,以组合权重计算综合指数,减少了传统主观定权存在的偏差;把实际中不易测量的目标量化为易测量的指标,未削弱原始信息量;不仅可用于纵向比较,也可用于横向比较,便于找出薄弱环节,为评价对象的改进提供依据。然而,由于 AHP 需要计算许多成对备选方案,因而会出现判断不准确或失误的现象。

(1)层次分析法的基本原理与步骤

在进行物流系统分析中,面临的常常是一个由相互关联、相互制约的众多因素构成的复杂而往往缺少定量数据的系统。层次分析法为这类问题的决策和排序提供了一种新的、简洁而实用的建模方法。

运用层次分析法建模,大体上可按下面四个步骤进行。

①建立递阶层次结构模型;

②构造出各层次中的所有判断矩阵;

③层次单排序及一致性检验;

④层次总排序及一致性检验。

应用 AHP 分析决策问题时,首先要把问题条理化、层次化,构造出一个有层次的结构模型。在这个模型下,复杂问题被分解为元素的组成部分。这些元素又按其属性及关系形成若干层次。上一层次的元素作为准则对下一层次有关元素起支配作用。这些层次可以分为三类如下所示。

最高层:这一层次中只有一个元素,一般它是分析问题的预定目标或理想结果,因此也称为目标层。

中间层:这一层次中包含了为实现目标所涉及的中间环节,它可以由若干个层次组成,包括所需考虑的准则、子准则,因此也称为准则层。

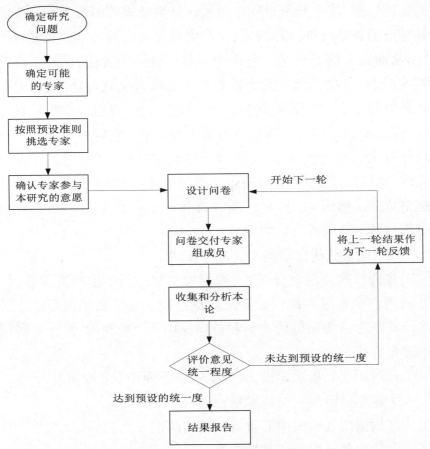

图 3-1 德尔菲法的流程

最底层：这一层次包括了为实现目标可供选择的各种措施、决策方案等，因此也称为措施层或方案层。

递阶层次结构中的层次数与问题的复杂程度及需要分析的详尽程度有关，一般层次数不受限制。每一层次中各元素所支配的元素一般不要超过 9 个。这是因为支配的元素过多会给两两比较判断带来困难。

（2）构造判断矩阵

层次结构反映了因素之间的关系，但准则层中的各准则在目标衡量中所占的比重并不一定相同，在决策者的心目中，它们各占有一定的比例。

在确定影响某因素的诸因子在该因素中所占的比重时,遇到的主要困难是这些比重常常不易定量化。此外,当影响某因素的因子较多时,直接考虑各因子对该因素有多大程度的影响时,常常会因考虑不周全、顾此失彼而使决策者提出与他实际认为的重要性程度不相一致的数据,甚至有可能提出一组隐含矛盾的数据。为看清这一点,可作如下假设:将一块重为 1 千克的石块砸成 n 小块,你可以精确称出它们的重量,设为 $w_1 \cdots w_n$,现在,请人估计这 n 小块的重量占总重量的比例(不能让他知道各小石块的重量),此人不仅很难给出精确的比值,而且完全可能因顾此失彼而提供彼此矛盾的数据。

设现在要比较 n 个因子 $X=\{x_1, \cdots, x_n\}$ 对某因素 Z 的影响大小,怎样比较才能提供可信的数据呢? Saaty 等人建议可以采取对因子进行两两比较建立成对比较矩阵的办法。即每次取两个因子 x_i 和 x_j,以 x_{ij} 表示 x_i 和 x_j 对 Z 的影响大小之比,全部比较结果用矩阵 $A=(a_{ij})_{n \times n}$ 表示,称 A 为 Z–X 之间的成对比较判断矩阵(简称判断矩阵)。容易看出,若 x_i 与 x_j 对 Z 的影响之比为 a_{ij},则 x_j 与 x_i 对 Z 的影响之比如下。

若矩阵 A=(a_{ij}) 满足 $a_{ij}=\frac{1}{a_{ij}}$

$$a_{ij} > 0, (\text{ii}) \; a_{ij}=\frac{1}{a_{ij}} \; (i, j=1, 2, \cdots, n)$$

则称之为正互反矩阵(易见 $a_{ii}=1, i, 1, \cdots, n$)。

关于如何确定 a_{ij} 的值,Saaty 等建议引用数字 1~9 及其倒数作为标度。表 3–3 列出了 1~9 标度的含义。

从心理学观点来看,分级太多会超越人们的判断能力,既增加了作判断的难度,又容易因此而提供虚假数据。Saaty 等人还用实验方法比较了在各种不同标度下人们判断结果的正确性,实验结果也表明,采用 1~9 标度最为合适。

表3-3　倒数标度含义表

标度	含　义
1	表示两个因素相比,具有相同重要性
3	表示两个因素相比,前者比后者稍重要
5	表示两个因素相比,前者比后者明显重要
7	表示两个因素相比,前者比后者强烈重要
9	表示两个因素相比,前者比后者极端重要
2,4,6,8	表示上述相邻判断的中间值
倒数	若因素 i 与因素 j 的重要性之比为 a_{ij},那么因素 j 与因素 i 重要性之比为 $a_{ij}=\dfrac{1}{a_{ij}}$。

最后,应该指出,一般地作 $\dfrac{n(n-1)}{2}$ 次两两判断是必要的。有人认为把所有元素都和某个元素比较,即只作 $n-1$ 个比较就可以了。这种做法的弊病在于,任何一个判断的失误均可导致不合理的排序,而个别判断的失误对于难以定量的系统往往是难以避免的。进行 $\dfrac{n(n-1)}{2}$ 次比较可以提供更多的信息,通过各种角度的反复比较,从而导出一个合理的排序。

（3）层次单排序及一致性检验

判断矩阵 A 对应于最大特征值 λ_{max} 的特征向量 W,经归一化后即为同一层次相应因素对于上一层次某因素相对重要性的排序权值,这一过程称为层次单排序。

上述构造成对比较判断矩阵的办法虽能减少其他因素的干扰,较客观地反映出一对因子影响力的差别。但综合全部比较结果时,其中难免包含一定程度的非一致性。如果比较结果是前后完全一致的,则矩阵 A 的元素还应当满足:

$$a_{ij}a_{jk}=a_{ik}, \quad Ai,j,k=1,2,\cdots,n \qquad (3.1)$$

满足关系式（3.1）的正互反矩阵称为一致矩阵。

需要检验构造出来的(正互反)判断矩阵 A 是否严重地非一致,以便确定是否接受 A。

正互反矩阵 A 的最大特征根 λ_{max} 必为正实数,其对应特征向量的所有分量均为正实数。A 的其余特征值的模均严格小于 λ_{max}。

若 A 为一致矩阵,则:

① A 必为正互反矩阵。

② A 的转置矩阵 A^T 也是一致矩阵。

③ A 的任意两行成比例,比例因子大于零,从而 rank(A)=1(同样,A 的任意两列也成比例)。

④ A 的最大特征值 $\lambda_{max}=n$,其中 n 为矩阵 A 的阶。A 的其余特征根均为零。

⑤若 A 的最大特征值 λ_{max} 对应的特征向量为 $W=(w_1,\cdots w_n)^T$,则 $a_i=\dfrac{w_i}{w_j}$, A$i,j=1,2,\cdots,n$,即

$$A = \begin{bmatrix} \dfrac{w_1}{w_1} & \dfrac{w_1}{w_2} & \cdots & \dfrac{w_1}{w_n} \\ \dfrac{w_2}{w_1} & \dfrac{w_2}{w_2} & \cdots & \dfrac{w_2}{w_n} \\ \cdots & \cdots & \cdots & \cdots \\ \dfrac{w_n}{w_1} & \dfrac{w_n}{w_2} & \cdots & \dfrac{w_n}{w_n} \end{bmatrix}$$

n 阶正互反矩阵 A 为一致矩阵当且仅当其最大特征根 $\lambda_{max}=n$,且当正互反矩阵 A 非一致时,必有 $\lambda_{max}>n$。

我们可以由 λ_{max} 是否等于 n 来检验判断矩阵 A 是否为一致矩阵。由于特征根连续地依赖于 a_{ij},故 λ_{max} 比 n 大得越多,A 的非一致性程度也就越严重,λ_{max} 对应的标准化特征向量也就越不能真实地反映出 $X=\{x_1,\cdots x_n\}$ 在对因素 Z 的影响中所占的比重。因此,对决策者提供的判断矩阵有必要作一次一致性检验,以决定是否能接受它。

对判断矩阵的一致性检验的步骤如下:

①计算一致性指标 CI

$$CI = \frac{\lambda_{max} - n}{n-1}$$

②查找相应的平均随机一致性指标 R。对 $n=1,\cdots,9$，Saaty 给出了 RI 的值，如表 3-4 所示。

表 3-4　Saaty 的 RI 值

n	1	2	3	4	5	6	7	8	9
RI	0	0	0.58	0.90	1.12	1.24	1.32	1.41	1.45

RI 的值是这样得到的，用随机方法构造 500 个样本矩阵：随机地从 1~9 及其倒数中抽取数字构造正互反矩阵，求得最大特征根的平均值 λ'_{max}，并定义。

$$RI = \frac{\lambda'_{max} - n}{n - 1}$$

③计算一致性比例 CR

$$CR = \frac{CI}{RI}$$

当 $CR<0.10$ 时，认为判断矩阵的一致性是可以接受的，否则应对判断矩阵作适当修正。

（4）层次总排序及一致性检验

上面我们得到的是一组元素对其上一层中某元素的权重向量。我们最终要得到各元素，特别是最低层中各方案对于目标的排序权重，从而进行方案选择。总排序权重要自上而下地将单准则下的权重进行合成。

设上一层次（A 层）包含 $A_1,\cdots,A_m$ 共 m 个因素，它们的层次总排序权重分别为 $a_1,\cdots,a_m$。又设其后的下一层次（B 层）包含 n 个因素 $B_1,\cdots,B_n$，它们关于 A_j 的层次单排序权重分别为 $b_{1j},\cdots b_{jn}$（当 B_i 与 A_j 无关联时，$b_{ij}=0$）。现求 B 层中各因素关于总目标的权重，即求 B 层各因素的层次总排序权重 $b_1,\cdots,b_n$，计算按下表所示方式进行，即 $b_i = \sum_{j=1}^{m} b_{ij}a_j$，$i=1,\cdots,n$。

对层次总排序也需作一致性检验，检验仍像层次总排序那样由高层到低层逐层进行。这是因为虽然各层次均已经过层次单排序的一致性检验,各成对比较判断矩阵都已具有较为满意的一致性。但当综合考察时,各层次的非一致性仍有可能积累起来,引起最终分析结果较严重的非一致性。

设 B 层中与 A_j 相关的因素的成对比较判断矩阵在单排序中经一致性检验,求得单排序一致性指标为 $CI(j)$,($j=1,\cdots,m$),相应的平均随机一致性指标为 $RI(j)$($CI(j)$、$RI(j)$ 已在层次单排序时求得),则 B 层总排序随机一致性比例为

$$CR = \frac{\sum\limits_{j=1}^{m} CI(j)a_j}{\sum\limits_{j=1}^{m} RI(j)a_j}$$

当 $CR<0.10$ 时,认为层次总排序结果具有较满意的一致性并接受该分析结果。

3. 模糊综合评价

美国控制学专家 LA.Zadeh 教授首先提出了模糊数学的核心思想,用数学的手段来模仿人的思维,对复杂事物进行模糊度量、模糊识别、模糊推理、模糊控制和模糊决策。通常将模糊数学分析方法用于聚类分析和综合评判等方面。而在物流客户服务绩效评价中应用较多的是模糊综合评判模型。

模糊综合评价是综合各方面的考量,对一个因素的评价要系统分析与这个因素有模糊相关的各种要素,并做出总的评价的一种方法。通过这种方法综合各方面要素对某一因素进行综合决断或决策,这样就可以避免只对一个因素评价而可能得出片面或不真实的结果。一般的绩效评价,其评价过程中会存在许多定性指标,如对物流环境应变能力的评价、对客户服务能力的评价等,这些指标的样本值很难精确得到,具有一定的模糊性。该方法在进行评价时往往会带有一定的主观性;这样就会影响评价的结果,他们认为可以通过专家问卷调查的形式,结合权重系数修正的办法来解决这一问题,这样所得到的评价结果就会更接近实际

情况,评价结果就会比较可靠、合理。

4. 结构方程模型

SEM 是一门基于统计分析技术的研究方法学(Statistical methodology),用以处理复杂的多变量研究数据的探究与分析。在社会科学以及经济、市场、管理等研究领域,有时需处理多个原因、多个结果的关系,或者会碰到不可直接观测的变量(即潜变量),这些都是传统的统计方法不能很好解决的问题。20 世纪80 年代以来,结构方程模型迅速发展,弥补了传统统计方法的不足,成为多元数据分析的重要工具。从统计学与方法学的发展脉络来看,SEM 并不是一个崭新的技术,而是因子分析(Factor analysis)与路径分析(Path analysis)(近似回归分析)两种在社会与行为科学非常重要的统计技术的结合体。

5. 数据包络分析

DEA 是以决策单元的相对有效性为指标,评价具有相同类型的多投入、多产出的若干个决策单元是否相对有效的重要方法,同时它也是一种非参数统计方法。基本思路是把其中一个决策单元(Decision making unit, DMU)作为一个被评价单元,由其他的 DMU 构成评价群体,确立与问题相应的数学模型,通过对模型求解得到对相对效率的综合分析,从而确定生产可能集和生产前沿面,并根据各 DMU 与生产前沿面的距离状况,判定各 DMU 是否 DEA 有效,进而达到评价排序的结果。DEA 运用运筹学的线性规划技术,对不同决策单元的输入数据与输出数据的包络面的分析,通过判断不同决策单元的观察值与效率前沿的位置关系来研究效率问题,是"技术有效"与"规模有效"的一种理想且有效的方法。

数据包络分析法的步骤如下。

假设某一种物流中,有 n 个被评价对象(决策单元 DMU),每个决策单元都有 m 种类型的输入("资源消耗",类似于运费占物品价值的百分比、物品损坏率等)和 s 种类型的输出("资源消耗"

换来的"收益",类似于运力利用率、装载效率、正点用率等)。记第 j 个决策单元为 DMUj,分别以 xij、yrj 表示 DMUj 对第 i 种输入的投入量、对第 r 种输出的产出量,分别以 ω_i、μ_r 表示对第 i 种输入、第 r 种输出的一种度量(或称权)。DEA 中常用的评价第 j_0($j_0=1,2\cdots n$)个决策单元(DMU)规模有效及技术有效的具有非阿基米德无穷小的 C^{2}R 模型为线性规划,其对偶规划为:

$$\min[\theta-\varepsilon(\hat{e}^T S^- + e^T S^+)]$$

$$s.t. \begin{cases} \sum_{j=1}^{n} X_j \lambda_j + S^- = \theta X_0 \\ \sum_{j=1}^{n} Y_j \lambda_j - S^+ = Y_0 \\ \lambda_j \geq 0, j = 1,2,...,n \\ S^- \geq 0, S^+ \geq 0 \end{cases}$$

其中, θ 为规划目标值, $\lambda_j(j=1,2,\cdots,n)$ 为规划决策变量, $S^-=(s_1^-,s_2^-,\cdots s_m^-)^T$、 $S^+=(s_1^+,s_2^+,\cdots s_s^+)^T$ 为松弛变量向量。

记 θ^0、 $S^{-0}=(s_1^{-0},s_2^{-0},\cdots s_m^{-0})^T$、 $S^{+0}=(s_1^{+0},s_2^{+0},\cdots s_s^{+0})^T$、 $\lambda_j^0(j=1,2,\cdots,n)$ 为对偶规划的最优解。

C^{2}R 模型的含义如下。

(1) θ^0 表示 DMU_{jo} 的效率指数, $\hat{e}^T S^-$ 表示输入过剩, $e^T S^+$ 表示输出不足。

(2)若 $\hat{e}^T S^- + e^T S^+ = 0$,称 DMU_{jo} 技术有效(输出相对于输入而言已达到最大)。

(3)若 $\frac{1}{\theta^0}\sum_{j=1}^{n}\lambda_j^0 = 1$,称 DMU_{jo} 规模有效(规模收益不变),若 $\frac{1}{\theta^0}\sum_{j=1}^{n}\lambda_j^0 < 1$, DMU_{jo} 规模收益递增,若 $\frac{1}{\theta^0}\sum_{j=1}^{n}\lambda_j^0 > 1$, DMU_{jo} 规模收益递减。

(4)若 $\theta^0=1$, $\hat{e}^T S^- + e^T S^+ = 0$, DMU_{jo} 规模有效、技术有效,称为 DEA 有效。

(5)若 $\theta^0=1$, $\hat{e}^T S^- + e^T S^+ > 0$,称 DMU_{jo} 为弱 DEA 有效。

(6)若 $\theta^0<1$,称 DMU_{jo} 为 DEA 无效。

（7）对于弱 DEA 有效或 DEA 无效的决策单元,优化调控方向如下：在不减少输出的情况下,使输入减少 $(1-\theta^0)X_0+S^{-0}$,或者在不增加输入情况下,是输出增加 S^{+0}。

生产函数 $y=y(x)$ 是用来描述投入量 x 与最大产出量 y 之间的关系的。即当投入 x 量,生产处于最佳状态所能获得的最大输出 y。

6.灰色系统分析法

灰色系统理论自建立以来,已经成功地应用于工程控制、未来学研究、社会系统、生态系统和农业系统等领域。但它在物流领域的应用尚不够全面深入,专门应用于物流系统的灰色系统技术较少,特别是在物流企业绩效评价中。

灰色系统理论是研究灰色系统分析、建模、预测、决策和控制的理论。它把一般系统论、信息论及控制论的观点和方法延伸到社会、经济和生态等抽象系统,并结合数学方法,发展出一套解决信息不完全系统（灰色系统）的理论和方法。

灰色系统理论分析具有沟通社会科学及自然科学的作用,可将抽象的系统加以实体化、量化、模型化及最佳化。

（1）灰色系统理论的主要内容

信息不完全是灰色系统的特征,因此研究灰色系统的关键是：

①如何处理灰元信息不完全的元素,称之为灰元或灰参数。

②如何使系统结构上、模型上、关联上由灰变白,或使系统的白度增加（又称淡化或白化）。

灰色系统理论就是从这两方面来发展讨论的。通过白化,我们对系统的认识变由知之不多到知之较多,由知之较多再到认识其变化规律,最后从变化规律中提取出所需要的信息。

灰色模型是灰色系统理论的核心,是灰色预测、决策、控制的基础。利用灰色模型及其他理论,可分析事物的可控性、可观性、可达成性,说明哪些因素是可控的,哪些是不可控的；哪些是将要发生的,哪些是将要消灭的；哪些是需要扶持的,哪些是要制止的,从而为系统迅速、正确地提供决策。

（2）灰色系统理论的基本原理

①差异信息原理。差异是信息,凡信息必有差异,任何两件事物之间必然存在差异,即含有一事物对另一事物的特殊性的相关信息,这些相关信息为我们提供了认识世界的基本信息。

②解的非唯一性原理。由于信息的不充分、不完全、不确定,其解就是非唯一的。

③最少信息原理。最少信息原理充分体现了"少"与"多"的辩证统一性,灰色系统理论的优点就是充分利用占有最少信息,研究小样本、信息不确定问题,所获得的信息量是判断灰与非灰的关键。

④认知根据原理。认知需要信息,必须以信息为依据。在认知过程中如果获得的信息充分、完全、准确,那么认知也必然充分、完全、准确;如果获得的信息不完全、不确定,那么获得的认知也充满了不确定性。

⑤新信息优先原理。事物是发展变化的,信息的变化也非常迅速,在认知过程中,新信息的作用优先于老信息,它直接影响系统未来的趋势。

⑥灰色不灭原理。信息充分是相对的、暂时的,信息不充分、不完全是绝对的,具有普遍性。科学研究时通过信息的不断补充和更新而一次又一次地升华,信息无穷尽,认知无穷尽,灰性永不灭。

（3）灰数的定义

只知道大概范围而不知道其确切值的数称为灰数。在应用中,灰数实际上指在某一个区间或某一个一般的数集内取值的不确定数,即客观系统中大量存在的随机的、含混的,不确知参数的抽象集合。确切地说灰数不是一个数,而是在指定范围内变化的所有白数（确知数值的树）的全体。

我们一般将灰数记为$\otimes$。令α为区间,α_i为α中的数,若灰数$\otimes$在α内取值,则称α_i为$\otimes$的一个可能的白化值。因为灰数是一个整体数、一个区间数、一个集合数,所以在处理有关灰数的问题时,必定带来一定的难度。邓聚龙教授指出:"灰色系统以研究'少数据不确定'(即由于数据——信息少而导致不确定)为己任。它不同于研究'大样本不确定'的概率论与数理统计,也不同于研究'认知不确定'的模糊集理论"。这就提出了灰数的白化问题。

所谓灰数白化,就是将不确定值的灰数,按照白化全函数取一个确定的值,或者说,对属于某一区间的灰数,按照某种"偏好"的程度,在该区间取白化值。如果一个数的取数机会均等,则称该灰数为纯灰数,或绝对灰数。如果机会不均等,即取数时有"偏好",则称该灰数为相对灰数,这种"机会曲线"或"偏好程度",就是白化权函数的形象说法。

下面就给出典型的白化权函数的定义。

设 $f(x) \in [0,1]$,AxVx 如果满足:

①$f(x)=L(x)$,单调增,$x \in [a_2,b_1]$;

②$f(x)=R(x)$,单调减,$x \in [b_2,c_1]$

③峰值,$x \in [b_1,b_2]$。

则称 $f(x)$ 为典型白化权函数,简称白化函数,$L(x)$ 为左支函数,$R(x)$ 为右支函数。称 $[b_1,b_2]$ 为峰区,b_1,b_2 为转折点。

$x \in [b_1,b_2]$,$f(x)=\max$,称为峰区白化值。

$x \in [a_1,a_2]$,$f(x) \to 0$,称为始区白化值。

$x \in [c_1,c_2]$,$f(x) \to 0$,称为终止区白化值。

(4)灰色关联分析

由于系统因素之间关系非常复杂,特别是其表面现象及变化的随机性、模糊性和灰色性,使人们在观察、分析、预测和决策时得不到足够的信息,找不到主要矛盾,从而给复杂系统的系统分析带来困难。

研究一个系统,首先要进行系统分析。灰色关联度是两个系统或两个因素间关联性大小的量度,它描述系统发展过程中因素间相对变化的情况,也就是变化大小、方向与速度等的相对性。如果两因素在发展过程中相对变化态势一致性高,则两者的灰色关联度大；反之，灰色关联度就小。所谓灰色关联分析，就是系统的因素分析，是对一个系统发展变化态势的定量比较和反映。灰色关联分析是通过灰色关联度来分析和确定系统因素间的影响程度或因素对系统主行为的贡献测度的一种方法。

设 X 为系统因素（因子）集，$x_i \in X$ 为系统因素，其在序号 k 上的观测数据为 $x_i(k)$，$k=1,2,\cdots,n$，则称 $x_i=(x_i(1),x_i(2),\cdots,x_i(n))$ 为因素 x_i 的行为序列。

为保证建立模型的质量和系统分析的正确性，对采集来的原始数据一般需进行预处理，使其消除量纲和具有可比性。

设有序列 $x=(x(1),x(2),\cdots,x(n))$

① 当 $y(k)=f(x(k))=x(k)/x(1)$，$x(1) \neq 0$ 时，称 f 是初值化变换；

② 当 $y(k)=f(x(k))=x(k)/\bar{x}$，$\bar{x}=\dfrac{1}{n}\displaystyle\sum_{k=1}^{n}x(k) \neq 0$ 时，称 f 是均值化变换；

③ 当 $y(k)=f(x(k))=x(k)\Big/\max_{k}x(k)$，$\max_{k}x(k) \neq 0$ 时，称 f 是百分比变换；

④ 当 $y(k)=f(x(k))=x(k)\Big/\max_{k}x(k)$，$\max_{k}x(k) \neq 0$ 时，称 f 是倍数变换；

⑤ 当 $y(k)=f(x(k))=x(k)/x_0$，其中 x_0 为某个大于零的实数，称 f 是归一化变换；

⑥ 当 $y(k)=f(x(k))=(x(k)-\min_{k}x(k))\Big/\max_{k}x(k)$，$\max_{k}x(k) \neq 0$ 时，称 f 是极差最大值化变换；

⑦ 当 $y(k)=f(x(k))=(x(k)-\min_{k}x(k))\Big/(\max_{k}x(k)-\min_{k}x(k))$，$\max_{k}x(k)-\min_{k}x(k) \neq 0$ 时，称 f 是区间值化变换

如果原始数据具有相同的量纲，能够进行比较，也可以不作数据变换。

设 X 为灰关联因子集，$x_0=(x_0(1),x_0(2),\cdots,x_0(n)) \in X$，$x_i=(x_i(1),x_i(2),\cdots,x_i(n)) \in X$，$i=1,2,\cdots,m$，令 $\triangle_{oi}(k)=x_o(k)-x_i(k)|$，式子

$$r(x_o(k), x_i(k)) = (\min_i \min_k \Delta_{oi}(k) + \rho \max_i \max_k \Delta_{oi}(k)) \Big/ (\Delta_{oi}(k) + \rho \max_i \max_k \Delta_{oi}(k))$$

称为关联系数,其中 ρ 称为分辨系数,$\rho \in (0,1)$,常取 0.5。

实数 $r(\boldsymbol{x}_o, \boldsymbol{x}_i) = \dfrac{1}{n} \sum_{k=1}^{n} r(x_o(k), x_i(k))$ 称为 x_i 关于 x_0 的关联度。

（5）物流绩效灰色评价方法

灰色系统理论及关联分析提供了一种解决物流系统信息匮乏、多因素影响、复杂大规模系统问题的良好解决方案,不仅可以弥补以往评价和研究方法的不足,还能更加准确、科学地进行评价、分析。

评估方法步骤如下：

a. 确定评估指标体系。根据评估目的,经过调查、咨询,由各类专家反复讨论确定评估的一级指标、二级指标,绘制评价指标分类层次结构图。

b. 确定具体评价指标的评分等级标准。综合评价指标大多数是定性指标,可以通过制定评价指标等级标准来实现定性指标定量化处理,可以根据评语等级的优劣赋予一定分值作为指标评分等级标准,评分等级越高,分值越大,评分等级越低,分值越小。

c. 确定各评价指标的权重。确定各指标的权重,假设求得一级指标 u_i 相对于目标 G 的权重 $a_i(i=1,2,\cdots,m)$,则一级指标的权重分配向量为 $a(a_1, a_2, \cdots, a_m)$；二级评价指标 v_{ij} 相对于一级指标 u_i 的相对权重 $a_{ij}(i-1,2,m; j=1,2\cdots,n_i)$,则所属指标 u_i 的二级指标的相对权重分配向量 $A_i = (a_{i1}, a_{i2}, \cdots, a_{in_i})$。

d. 确定评估对象的评价值矩阵。设有 P 个评价人员,即 $K=1,2,\cdots,p$；q 个评价对象,即 $S=1,2,\cdots,q$；m 个一级指标,即 $i=1,2,\cdots,m$；第 i 大类指标下设 n_i 个二级指标,即 $j=1,2,\cdots,n_i$。评估人员对第 S 个受评对象按评估指标 v_{ij} 的评分等级给出的评分为 d_{ijk}^s,则第 S 受评对象的评价值矩阵 D^S 为：

$$D^S = \begin{bmatrix} d_{111}^s & d_{112}^s & \cdots & d_{11p}^s \\ \vdots & \vdots & & \vdots \\ d_{1n_11}^s & d_{1n_12}^s & \cdots & d_{1n_1p}^s \\ \vdots & \vdots & & \vdots \\ d_{n11}^s & d_{n12}^s & \cdots & d_{n1p}^s \\ \vdots & \vdots & & \vdots \\ d_{mn_m1}^s & d_{mn_m2}^s & \cdots & d_{mn_mp}^s \end{bmatrix}$$

e. 确定评价灰类。视实际问题确定评价灰类的等级数、灰类的灰数及灰类的白化权函数。设评价灰类的等级数有 g 个,即评价灰类 $e=1,2,\cdots,g$；灰类数不是一个数,而是一个数集、一个区间,记灰数为 $\otimes$。

f. 计算灰类的评价系数。对于评价指标 v_{ij},根据白化权函数 $f_e(d_{ijk}^s)$ 和评估对象 S 的评价值 d_{ijk}^s,计算评估对象 S 属于评价灰类 e 的灰色评价系数 η_{ije}^s,即 $\eta_{ije}^s = \sum_{k=1}^{p} f_e(d_{ije}^s)$。

g. 计算灰色评价权,得到灰色评价权矩阵。评估人员就评价指标 v_{ij} 对评估对象 S 属于灰类 e 的灰色评价权 r_{ijk}^e 为 $r_{ijk}^e = \eta_{ije}^s / \sum_{e=1}^{g} \eta_{ije}^s$。

综合各灰类的评估对象 S 对于评价指标 v_{ij} 的灰色评价权向量 $r_{ij}^e = (r_{ij1}^s, r_{ij2}^s, \cdots, r_{ijg}^s)$,综合一级指标 u_i 及所有二级指标 v_{ij} 的灰色评价权 r_{ije}^e,得到评估对象 S 第 u_i 大类指标对于各评价灰类的灰色评价权矩阵 R_i^s：

$$R_i^S = \begin{bmatrix} r_{i1}^s \\ r_{i2}^s \\ \vdots \\ r_{ijg}^s \end{bmatrix} = \begin{bmatrix} r_{i11}^s & r_{i12}^s & \cdots & r_{i1g}^s \\ r_{i21}^s & r_{i22}^s & \cdots & r_{i2g}^s \\ \vdots & \vdots & & \vdots \\ r_{in_i1}^s & r_{in_i2}^s & \cdots & r_{in_ig}^s \end{bmatrix}$$

h. 计算一级指标的灰色综合评价向量。对评估对象 S,根据一级指标 u_i 的二级指标 v_{ij} 的相对权重向量 $A_i=(a_{i1},a_{i2},\cdots,a_{ini})$ 和指标 u_i 对于各评价灰类的灰色评价权矩阵进行综合评价，得到评估对象 S 第 u_i 一级指标的灰色综合评价向量 B_i^s，$B_i^s = A_i R_i^s = (b_{i1}^s, b_{i2}^s, \cdots, b_{ig}^s)$。

i. 综合评价。对评估对象 S，综合其各一级指标 u_i 的灰色综合评价向量 B_i^s，得到评估对象对于各评价灰类的灰色评价权矩阵 R^s。

$$R^S = \begin{bmatrix} B_1^S \\ B_2^S \\ \vdots \\ B_m^S \end{bmatrix} = \begin{bmatrix} b_{11}^s & b_{12}^s & \cdots & b_{1g}^s \\ b_{21}^s & b_{21}^s & \cdots & b_{2g}^s \\ \vdots & \vdots & & \vdots \\ b_{m1}^s & b_{m1}^s & \cdots & b_{mg}^s \end{bmatrix}$$

根据一级指标 u_i（i=1,2,…m）的权重分配向量 $a=(a_1,a_2,\cdots a_m)$ 和评估对象 S 的灰色评价权矩阵 R^S 做综合评价，得到评估评估对象 S 的综合评估结果 B^s，即 $B^s=aR^s=(b_1^s,b_2^s,\cdots,b_g^s)$，以各评价灰类的阀值为其等级值，计算各评估对象的综合评价值，如灰类 1 的阀值 d_1，灰类 2 的阀值为 d_2，依次类推，灰类 g 的阀值为 d_g，则各评价灰类的等级向量为 $C=(d_1^s, d_2^s, \cdots, d_g^s)$，于是评估对象 S 的综合评价值 $G^s=B^sC^s$，求出各评估对象的综合评价值后，根据其值的大小排出优劣顺序。

7. 多种分析方法相结合

物流企业的绩效往往会受到诸多要素的影响，但是诸多要素的影响程度和大小存在差异，如何评价不同要素之间的影响程度和大小需要利用定性和定量相结合的数学模型来进行判断。然后许多评价需要事先具备一个完整的评价体系，并且往往局限于短期的、眼前的经济效益，忽视长远的利益的评价，使得评价存在一定的局限和不足，其主要表现在以下两个方面：第一，存在权重赋值的主观性和固定性的缺点。在主观赋值中，人为地给出一些评价指标的权重值，存在很大的主观偏向性，无法反映物流企业的真实情况。第二，评价体系的静态性缺点。事物是不断发展变化的，很多评价方法和体系不具备动态更新和调整的能力，无法反映物流企业真实状况。为避免以上缺点，可以利用数据包络分析和层次分析法相结合的办法,分两个阶段去评价物流企业的物流绩效。

3.2.4 物流客户服务绩效评价方法比较分析

从以上方法分析可以看出,绩效评价法种类繁多,但每种方法都各有其优缺点及相应的适用范围,本书就其中几个主流的绩效评价方面进行了比较,见表3-5。

表 3-5   物流客户服务绩效评价方法特性分析

方法	优点	缺点	适用范围
专家评价法	集思广益,简单方便,易于使用	受到主观因素强烈影响,不宜使用在复杂的系统中	问题无法精确清晰地用数学分析方法描述
层次分析法	简单明了,可靠性高、误差小,具有可操作性	遇到因素众多、模糊较大的问题时,由于专家和决策者很难掌握标度的标准,做出的判断往往不能满足一致性检验,难以指标分组并进行评价;主观性强	适用于多准则、多目标复杂问题的评价分析,但评价指标或方案不能太多
模糊综合评价法	说服力较强,得出的结果比较可靠	计算复杂,主观性强	适宜于可变因素多,不确定性多的对象系统
结构方程模型	同时处理多个因变量;容许自变量与因变量含测量误差;同时估计因子结构和因子关系;容许更大弹性的测量模型	样本数不能太少,至少200	适合一些比较抽象的、多个因变量的,或者会碰到不可直接观测的变量(即潜变量),用传统的统计方法不好解决的问题
数据包络分析法	排除了许多主观因素的影响,具有内在的客观性。	确定的权系数可能与实际相悖	适用于对多指标输入和多指标输出决策单元的相对有效性评价

3.3 供应链视角下物流客户服务绩效评价方法选择

3.3.1 选择评价指标的方法

在当前的方法论研究中,德尔菲法被认为特别适用于目标数据无法获取,研究问题不能精确清晰地被数学分析方法所描述,缺乏较为完善和统一的实证研究结论,实验研究不可能或是不被允许进行时等情况。对于本书,供应链视角下物流客户服务绩效的评价和其他绝大多数的绩效评价问题相类似,其问题无法精确清晰地用数学分析方法描述,其影响因素指标中也很有可能包含定性的、主观感知类的指标,这时对于指标的选择,专家的直觉比具体的定量测量更能有效地完成;并且就笔者所查阅的文献,目前从供应链的视角去研究物流客户服务绩效的非常缺乏,也就不存在已有的完善和统一的实证研究结论;本书的研究对象是整条供应链以及该供应链上的各个节点企业,不可能像一些以个体为研究对象的研究那样去进行实验研究或准实验研究。综上所述,对于供应链视角下物流客户服务绩效评价指标的选择问题,是适合采用德尔菲法开展研究的。

3.3.2 确定评价指标权重的方法

本书对于供应链视角下物流客户服务绩效评价中各因素权重的确定,与大多数绩效评价问题类似,存在着较大的不确定性,因而本书将使用模糊层次分析法来开展。模糊层次分析法是对于传统的层次分析法与模糊集理论的综合。

AHP 是一种实用、简便、系统化的多目标决策方法,在多目标决策中十分常用(Saaty,1980)。在传统的 AHP 中,使用 9 点打分来完成各因素之间的两两比较,1 ~ 9 分别反映了一个因素相对于另一个因素从极端不重要到极端重要的比较。AHP使用1~9的确切数值来进行判断和形成权重结果,虽然有着简便易用的优势,但每一个打分人个体对于1~9分值的理解是不尽相同的,AHP并不能处理这样的打分专家个体差异问题;同时,专家对各因素的定性评价打分采用确定的数值点,从而不能够准确地反映各因素间比较的模糊性和不确定性;此外,传统的AHP还存在一些算法上的缺陷,这些都导致研究人员不断进行着对传统AHP如何进行改进的研究。

模糊集理论用数学方式表示不确定性和模糊性,善于对模糊的(即并未清晰定义其边界的)一组数据进行处理,对于个体使用不精确和不确定信息进行决策的问题提供了规范的处理工具。模糊集理论自Zadeh于1965年创立以来,已经形成了模糊逻辑、模糊算法、模糊数学规划、模糊图论、模糊信息分析等一整套分析工具。

对于传统AHP的解决过程,专家的个人判断被表示为确定的数,即模糊理论中所谓的清晰(Crisp)的数。在管理学的许多实际问题中,有很多评价准则是主观的、定性的指标,决策者个人用传统AHP形成的偏好矩阵也就应该是不确定的,决策者也可能不愿意或是无法将一个1~9的确切数值分配给各因素间两两比较判断的结果。而将模糊集理论与传统AHP结合形成的模糊层次分析法在两两比较时使用三角模糊数将语义上的偏好程度转化为定量的形式,可以有效处理多因素决策制定问题中的不精确和不确定的问题,也让专家在打分时更容易确定两两比较的结果。Kwong和Bai(2003)指出模糊层次分析法可以方便灵活地解决决策准则存在不精确和冲突的多目标决策问题,如:客户需求优先级的排序,风险重要程度的确定等管理问题。

模糊数是指实数定义域之下,具备某些特性的模糊集合,常用的两种模糊数分别为三角模糊数(Triangular fuzzy number,TFN)与梯形模糊数(Trapezodial fuzzy number,TrFN),其中又以三角模糊数在管理类的应用居多,如果n_1、n_2、n_3分别表示最悲观值、最有可能值、最乐观值,那么一个三角模糊数 N 就可以用三个一组的数(n_1,n_2,n_3)来表示,如图 3-2 所示。

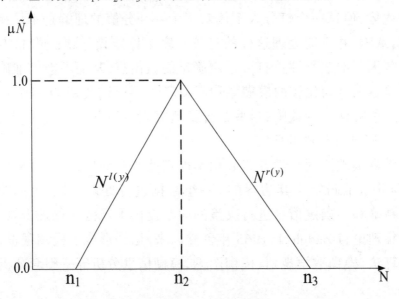

图 3-2   三角模糊数 N

由模糊理论的研究(Zadeh,1965、Buckley,1985)可知,三角模糊数具备下列特性:

特性 1:三角模糊数 N 的隶属函数可以表示为:

$$\mu(x \mid \tilde{N}) = \begin{cases} (x-n_1)/(n_2-n_1), x \in [n_1, n_2] \\ (n_3-x)/(n_3-n_2), x \in [n_2, n_3] \\ 0,\text{其他} \end{cases}$$

而三角模糊数 N 的归属度则可以表示为:

$$\tilde{N} = (N^{l(y)}, \ N^{r(y)}) = (n_1 + (n_2-n_1)y, n_3 + (n_3-n_2)y), y \in [0,1]$$

特性 2:三角模糊数 N 为凸集合的充要条件是:对于任意 N_1,N_2 以及 $\gamma \in (0.1)$,均有:

$$\mu_x(\gamma N_1 + (1-\gamma)N_2) \geqslant \min(\mu_x(N_1), \mu_x(N_2))$$

特性 3:当矩阵中至少有一个元素是模糊数时,矩阵即被称为模糊矩阵 U,两个三角模糊数的模糊加 $\oplus$ 的结果也是三角模糊数,两个三角模糊数的模糊乘 $\otimes$ 的结果是一个近似的三角模糊数,若 $\tilde{N}_1=(n_{11},n_{12},n_{13})$, $\tilde{N}_2=(n_{21},n_{22},n_{23})$,则

$$\tilde{N}_1 \oplus \tilde{N}_2 = (n_{11} + n_{21}, n_{12} + n_{22}, n_{13} + n_{23})$$

$$\tilde{N}_1 \ominus \tilde{N}_2 = (n_{11} - n_{21}, n_{12} - n_{22}, n_{13} - n_{23})$$

$$\lambda \otimes \tilde{N}_1 = (\lambda n_{11}, \lambda n_{12}, \lambda n_{13}), \ \lambda > 0, \ \lambda \in R$$

$$\tilde{N}_1 \otimes \tilde{N}_2 \approx (n_{11}n_{21}, n_{12}n_{22}, n_{13}n_{23})$$

$$\tilde{N}_1^{-1} = (\frac{1}{n_{11}}, \frac{1}{n_{12}}, \frac{1}{n_{13}})$$

对于模糊层次分析的计算方法和过程,不同的学者根据自己的研究提出了不同的建议,模糊层次分析法的主要特点及优缺点见表 3-6。

表 3-6 不同模糊层次分析法的特点比较

文献来源	主要特点	优、缺点	
Van Laarhoven (1983)	传统 AHP 在三角模糊数上的直接延伸	优点:	能以倒数矩阵模式表示多决策者意见
	以 Lootsma 对数最小平方方法推导模糊权重	缺点:	线性方程往往具有不唯一解
	以 Lootsma 对数最小平方方法推导模糊绩效分数		计算复杂
			仅能用于三角模糊数
Buckley (1985)	传统 AHP 在梯形模糊数上的直接延伸	优点:	易于延伸至多种模糊数
	以几何平均法推导模糊权重		保证倒数比较矩阵具备唯一解
	以几何平均法推导模糊绩效分数	缺点:	计算复杂
Boender (1989)	对 Van Laarhoven 方法的修正	优点:	能模式化表示多决策者的意见
	提出一个较稳健的方法规范化局部优先值	缺点:	计算复杂
Chang (1992)	综合的程度值	优点:	计算相对简单
	分层简单排序		与传统 AHP 步骤类似,不需额外步骤
	合成总排序	缺点:	仅能用于三角模糊数
Chang (1996)	建立模糊标准	优点:	计算相对简单
	以归属函数代表绩效分数	缺点:	方法基于概率性和可能性

　　鉴于上述不同方法的特征和优缺点比较,本书将借鉴 Chang(1992,1996)的程度分析方法来完成供应链视角下物流客户服务绩效评价因素的权重确定。

3.4　本章小结

　　本章研究物流客户服务绩效评价方法时,首先分析了物流客户服务绩效评价的特点,再对各种绩效评价方法进行了具体阐述,并对其优缺点及适用范围加以比较分析,最后提出基于供应链角度的物流客户服务绩效评价问题的研究方法:使用德尔菲法甄选为使整条供应链的利益最大化而对物流客户服务进行评价的各个指标,使用模糊层次分析法对评价指标各自的影响作用大小(即权重)进行分析计算。

4 供应链视角下物流客户服务绩效评价指标体系设计

4.1 问题的提出

由文献综述可以看出,近年来学者们在供应链及物流绩效评价方面做了许多有益的尝试,但关于物流客户服务绩效评价的研究多集中在物流企业自身的绩效评价,或者对第三方物流企业(也有的学者称之为第三方物流服务商)的绩效评价,鲜见从供应链的角度研究物流客户服务绩效评价指标与方法及其提升策略的研究。而从业界和学界的发展趋势来看,基于供应链的视角看待问题,而不是基于单个企业的视角看待问题的观点已经被越来越多的人所接受,英国学者 Christopher 早在 1992 年指出的"当前市场的竞争已经不是企业与企业之间的竞争,而是供应链与供应链之间的竞争"这一说法也得到了绝大多数业界和学界人士的赞同。物流客户服务不仅仅对物流服务接受方的企业会产生成本、进度、质量、风险等方面的影响,而是会对于物流服务接受方企业所处的整条供应链产生各个方面的影响。

那么,物流客户服务会对于接受物流客户服务的企业的上游和下游的企业产生什么样的影响? 会对其所处的整条供应链产生什么样的影响? 对于其与传统的从单个企业的视角去评价物流客户服务的绩效相比,从供应链的视角去评价物流客户服务的绩效有什么新的考虑因素? 从供应链的视角去评价物流客户服务绩效的各个影响因素的重要性程度是如何的？这些问题在当前就非常具备研究的意义和价值。因此，本书接下来的研究拟从供应链角度研究物流客户服务绩效评价的指标体系，将使用问卷调查法和德尔菲法甄选为使整条供应链的利益最大化而对物流客户服务进行评价的各个指标，并说明各个指标的含义及对各个指标进行定性定量的划分，再使用模糊层次分析法对于供应链视角下物流客户服务的评价指标各自的影响作用大小（即权重）进行分析计算。最后，希望能得出比较有益的结论。

4.2 供应链视角下物流客户服务绩效评价指标的选择

4.2.1 供应链视角下物流客户服务绩效评价指标的初选

如第三章所述，对于供应链视角下物流客户服务绩效评价指标的选择问题，是适合采用德尔菲法开展研究的。在使用德尔菲法寻求专家意见帮助之前，笔者首先查阅了国内外包括物流绩效评价、供应链绩效评价、物流客户服务绩效评价等方面的相关文献（详见本书第二章），将之前研究提出的指标进行汇总，然后删除重复的指标（包括指标提法不一样，但所指含义大致相同的）、不适用于物流客户服务绩效评价的指标（主要存在于供应链绩效评价的一些研究指标中，针对的是供应链上的生产企业或销售企业，而不是提供物流服务的企业）以及适用范围过窄的指标（即专门针对某一行业进行的绩效评价指标），再将过滤后留下的指标进行供应链视角下的解释和调整，形成了初选的包括时间、成本、质量三个方面共 13 个指标，见表 4-1。

表4-1　供应链视角下物流客户服务绩效评价指标初选结果

一级指标	二级指标	从供应链视角看可能出现的影响
时间	订单完成周期时间	影响供应链时间上的竞争力,供应链成员间的信任与满意程度
	订单完成周期时间的一致性	影响供应链时间上的竞争力,供应链成员间的信任与满意程度
	储运时间	影响供应链时间上的竞争力,供应链成员间的信任与满意程度
	库存周转率	影响供应链上的资金周转速度
	物流服务响应时间	影响供应链时间上的竞争力,供应链成员间的信任与满意程度
成本	供应链物流总成本	影响供应链总成本
	单位成本	影响供应链总成本,供应链的盈利能力
	供应链物流成本收益比率	影响供应链盈利能力
质量	可靠性	影响供应链的稳定性,供应链成员的信任
	柔性	影响供应链满足外部需求变化的能力,协调供应链内其他的突发问题
	服务能力	影响供应链内外部各参与方的满意程度

4.2.2 专家组成员

许多之前的研究表明,德尔菲法获得成功的关键之一是专家组成员的选择,选择专家成员的最重要的方面就是其专业程度,在德尔菲法的研究过程中的参与者必须由本研究问题领域的专家构成。选择专家的数量可以在3位到80位之间选择合适的数值。本研究希望专家组成员由物流服务、供应链管理的理论研究人员、企业实践人员中具备专业经历的专家共同构成,具体发出邀请的专家包括近年来在物流客户服务及供应链管理领域的高水平期刊上的论文作者、近年来在物流客户服务及供应链管理领域的高水平教材和著作的编者、物流企业的管理人员、生产企业和销售企业中从事物流管理和供应链管理的人员,共发出邀请158份,其中有32人同意参与本研究,占发出邀请的20.3%,鉴于专家大多事务繁忙,这样的接受率在德尔菲法中是可以被接受的。同意参与本研究的专家组成员构成的简单描述性统计见表4-2。

表4-2 德尔菲法专家描述性统计结果（N=32）

统计信息	频数	频率(%)
性别		
男	23	71.9
女	9	28.1
年龄		
30以下	0	
30–40	11	34.3
40–50	15	46.9
50–60	4	12.5
60以上	2	6.3
专家来源		
文章作者及著作编者	14	43.7
物流企业管理人员	7	21.9
制造商物流/供应链管理人员	4	12.5
销售商物流/供应链管理人员	7	21.9

4.2.3 德尔菲法研究过程

按照之前的研究,德尔菲法可以进行2～6轮如图3-1所示的过程,一般采用3轮可以在成本和效果两方面达到均衡的最优。而各个研究对于何时达到意见集中并没有统一标准,51%、55%、70%和80%都被以前的研究采用过作为意见达到统一的阈值(Hallowell、Gambatese,2010)。由于本研究从一个全新的视角去看待物流客户服务绩效的评价问题,需要一个较为严格的标准作为新的探索性研究的起点,因此本研究选择使用3轮德尔菲法的过程,3轮过后达到80%认同度的指标即确定为供应链视角下物流客户服务绩效评价的选定指标。

　　为了在时间和成本上能够节约,本研究采用匿名网上问卷的方式在每一轮征询专家组成员意见。在问卷向专家组成员发放之前,做了小规模测试,以确保问卷有能满足回复率的合理长度,详略程度可以满足研究要求,专家的角色和作用被清晰界定,问卷导读明确合理。问卷中对于每一个预设指标,都要求专家从其经验和分析独立判断是否同意该预设指标成为供应链视角下物流客户服务绩效评价的选定指标,并要求专家在"强烈同意、同意、中立、不同意、强烈不同意"五个选项中给出自己的选择,研究人员在专家意见反馈之后的分析中对于每一个指标统计出选择强烈同意和同意选项的专家人数之和并反馈,反复三轮。

　　每轮专家意见反馈在一到两周内可以完成,中途并无任何专家退出。在第一轮专家意见的反馈中,同时有数位专家反映除了研究人员列举的预设指标之外,可以再加上会影响供应链上的利益分配从而影响供应链稳定性的"成本分摊"这一指标,以及会影响供应链整体质量的"完美订单满足率"这一指标。因此在第二、三轮的问卷中,研究人员加入了这两个二级指标,将成本分摊归属到成本指标之下,而把完美订单满足率归属到质量指标之下。最终,在三轮专家意见之后,分别归属三个方面的 9 个指标达到了 80% 以上的统一认同度,成为供应链视角下物流客户服务绩效评价的选定指标,具体结果见表 4-3。

　　从表 4-3 中可以看出,专家意见认同程度超过本研究预定阈值(80%)的包括时间指标中的订单完成周期时间、订单完成周期时间的一致性、物流服务响应时间,成本中的供应链物流总成本、供应链物流成本收益比率、成本分摊,质量中的可靠性、柔性、完美订单满足率。对于这些指标的相对重要程度,即权重的确定,将在 4.4 节中采用模糊层次分析法进行研究。

表4-3 德尔菲法选定指标的结果

一级指标	二级指标	各轮的指标认同率(%)			是否选中
		第一轮	第二轮	第三轮	
时间	订单完成周期时间	94.5	96.9	100	是
	订单完成周期时间的一致性	90.6	96.9	96.9	是
	储运时间	50	56.2	56.2	否
	库存周转率	68.8	68.8	71.9	否
	物流服务响应时间	85	89.4	92.5	是
成本	供应链物流总成本	92.6	95.5	100	是
	成本分摊	—	91.4	93.8	是
	单位成本	78.1	78.1	78.1	否
	供应链物流成本收益比率	86.5	92.5	96.9	是
质量	可靠性	90.6	95.5	100	是
	柔性	87.5	90.5	92.5	是
	完美订单满足率性	—	92.5	94.5	是
	服务能力	75	75	75	否

4.2.4 本研究的效度说明

在上述的德尔菲法的过程和结果描述之后,本书还将进一步简要说明该德尔菲法研究的效度和本研究对研究偏差的预防与控制措施。

首先,对于绩效评价的初选指标,来自于对国内外包括物流绩效评价、供应链绩效评价、物流客户服务绩效评价等方面的相关文献的详细阅读和认真筛选,由于初选指标均在以往的研究中被多次验证过会对于供应链视角下的物流客户服务绩效产生显著影响,因此保证了本德尔菲法研究中指标的内容效度。其次,本研究的专家组成员由物流服务、供应链管理的理论研究人员、企业实践人员中具备专业经历的专家共同构成,本研究使用调查问卷的方式,共发出邀请158份,其中有32人同意参与本研究,占发出邀请的20.3%,按照以往的研究推荐,对于重要的探索性问题的研究,使用德尔菲法应该有包括至少20位的专家构成,参与研究的专家占发出邀请的比率应在 20% 至 30% 之间,因此可以发现,本研究专家组成员的构成完全符合标准要求,保证了本研究的专家意见效度。此外,按照之前的研究,德尔菲法可以进行 2 ~ 6 轮,一般采用 3 轮可以在成本和效果两方面达到均衡的最优,而各个研究对于何时达到意见集中并没有统一标准,51%、55%、70% 和 80% 都被以前的研究采用过作为意见达到统一的阈值,本研究共进行 3 轮,并且选择了最为严格的 80% 作为意见统一的阈值标准,可以使得最终选取的指标"宁缺毋滥",保证了本研究最终的结果效度。

本研究的整个过程中还使用了许多之前研究中推荐的减小专家意见偏差的控制措施,具体包括:①对于发送给专家的初选指标进行了随机化排序,各个轮次给予各个专家的初选指标均按照不同的随机顺序出现,以防止专家意见受到初选指标排列顺序的影响。②要求专家给出是否同意的答案,并给出理由,并在每一轮之后的专家意见汇总与反馈中将答案与理由同时汇总并反馈。③在研究的全过程中严格地保持各专家独立对于本研究给出自己的意见,并全程严格保持匿名性,以防止权威屈从现象。④在专家组成员的选取中,排除了最近曾参与过类似德尔菲法研究的专家,从而防止专家把上一次研究的意见和思维惯性地带入本次研究中。由此,通过对上述专家意见偏差的控制措施,可以使本研究拥有更高的效度。

4.3　指标含义说明及定性与定量指标的划分

4.3.1 时间指标的说明及量化

1. 订单完成周期时间

即客户发出订单到收到所需货物的总时间。包括客户产生需求、下达采购订单、信息传递到物流服务商、物流服务商完成产品的配送直到客户能够使用产品这一系列过程中所花费的时间之和,为成本型定量指标。

2. 订单完成周期时间的一致性

这是指某一特定的订单完成周期时间与原定时间或以前所需时间的一致性(T_s),为成本型定量指标。可以用某一特定订单的实际完成周期时间(T)与该订单的预定完成时间(T')的差别与订单预定完成时间的百分比表示,计算公式为:

$$T_s = \frac{|T - T'|}{T'} \times 100\% \qquad (4-1)$$

3. 物流服务响应时间

即物流服务商从接到订单到送达客户的时间。与订单完成周期时间相比,不包括客户产生需求、下达采购订单、信息传递到物流服务商的时间,而只包括物流服务商提供物流服务至客户的时间,更能突出体现物流服务商提供物流服务的运作效率,为成本型定量指标。

4.3.2 成本指标的说明及量化

1. 供应链物流总成本

即供应链节点企业物流成本总和。在供应链上所有物流服务商为某些业务进行服务时而产生的成本之和,包括物流客户服务的各个环节的成本(如分拣成本、运输成本、仓储成本等)之和,为成本型定量指标。

2. 供应链物流成本收益比率

即供应链物流收入与供应链物流总成本的比率。按成本加定价的思想,产品价格等于成本加利润,因此产品成本利润率越高,说明供应链的盈利能力越强,综合管理水平越高,为效益型定量指标。计算公式为：

$$供应链物流成本收益比率=\frac{供应链物流收入}{供应链物流总成本}\times100\%$$

（4-2）

3. 成本分摊

即供应链物流成本在各成员之间的合理分摊,是物流客户服务企业提供的物流客户服务可以使得供应链上的制造商、分销商、以及物流客户服务企业本身都能够获得比采用该物流客户服务之前更少的成本的程度,这不仅仅需要整条供应链成本的降低,还需要供应链内降低的成本能在供应链的各节点企业内较为均衡的分配。这使得该指标使用供应链上节点企业管理人员的直观感觉判断比使用具体的测算数值能更加准确和方便,为定性指标。

4.3.3 质量指标的说明及量化

1. 可靠性

即供应商对客户做出的所有承诺的兑现情况。可靠性的高低会影响客户对物流服务商以及整条供应链的信赖程度。可靠性越高,信赖度越强,越容易培养客户的忠诚度与供应链的稳定性;反之,则容易导致客户的不满意。可靠性体现了物流客户服务的综合特征,关系到企业是否具备实施与交货相关的所有业务活动的能力,同时还涉及企业向客户提供有关物流运作和物流状态等重要信息的问题。此指标为成本型定量指标。可靠性主要表现为以下特征:完好无损的到货;到货货物的数量完全符合订单的要求;货物准确送达目的地;订单完全交付等。这几个特征的含义及计算公式说明如下。

（1）完好无损的到货。可以用某段时间内,货物除去由于霉变、残损、丢失、短少等原因造成的损失量外剩下的完好无损的货物的数量占总量的比率来表示。在现实中企业通常跟踪统货损

率,这样完好无损的到货比率也可用(1−货损率)来表示。综上所述,完好无损的到货比率的计算公式为:

$$完好无损的到货比率 = \frac{完好量}{总量} \times 100\% = 1 - 货损率 = 1 - \frac{损失量}{总量} \times 100\% \qquad (4-3)$$

(2)到货货物的数量完全符合订单要求。可以用某段时间内,货物累计无差错量占总量的比率来表示。在现实中企业通常跟踪统计货差率,这样到货货物的数量完全符合订单要求的比率也可用(1−货差率)来表示。综上所述,到货货物的数量完全符合订单要求的比率的计算公式为:

$$到货货物的数量完全符合订单要求的比率 = \frac{无差错量}{总量} \times 100\% := 1 - 货差率 = 1 - \frac{差错量}{总量} \times 100\%$$

$$(4-4)$$

(3)货物准确送达目的地。可以用通常所说的货物准确送达率来衡量,即是指某段时间内将货物准确送达目的地的订单数量占订单总数量的比率。货物准确送达率的计算公式为:

$$货物准确送达率 = \frac{准确送达订单数}{订单总数} \times 100\% \qquad (4-5)$$

(4)订单履行率。即完全交付的订单数量占客户订单数量的比率,计算公式为:

$$订单履行率 = \frac{完全交付的订单数量}{客户订单数量} \times 100\% \qquad (4-6)$$

很明显,订单履行率,也称为订单运输完成率,是对公司的与产品可靠性有关的绩效最严格的测量指标之一。在这种测量标准中,如果某个订单只有一个生产线上的一个产品没有交付,那么便认为该订单没有履行。公司通常也跟踪某时期出现的缺货的数量和延迟订单的数量,将它们作为可得性的指标。

物流客户服务的可靠性指标还有很多,在此无法将其一一列举。关键的是,客户最关心的还是要求供应商按照日常的处理程序来圆满地完成大量细致的业务运作。另外,服务的可靠性还包括企业是否有能力、是否愿意向客户提供有关实际运作以及订购货物的准确信息。

2. 完美订单满足率

即所订购的货物要按时地、完好地在正确的目的地完全到货，与货物相关的单据也必须做到完整和准确。完美订单满足率（K_p），是订单满足率（K_f）、准时交货率（K_t）以及无差错率（K_e）的综合，即 $K_P = K_f \times K_t \times K_e$，为效益型定量指标。以上几个指标的含义和说明如下。

（1）订单满足率。某段时间内满足订单的数占订单总数的比率，计算公式为：

$$订单满足率 = \frac{满足订单数}{订单总数} \times 100\% \qquad （4-7）$$

（2）准时交货率。某段时间内将货物准时送达目的地的订单数量占订单总数量的比率。计算公式为：

$$准时交货率 = \frac{准时送达订单数}{订单总数} \times 100\% \qquad （4-8）$$

（3）订单无差错率。某段时间内无差错订单处理数占订单总数的比率。计算公式为：

$$订单无差错率 = \frac{无差错订单处理数}{订单总数} \times 100\% \qquad （4-9）$$

3. 柔性

即物流服务提供者对突发情况的应变能力或灵活性。供应链视角下的物流客户服务之所以要具有一定的柔性，原因就在于环境的不确定性。但是在客户的眼中并没有所谓的"不确定性"，他们唯一关心的就是物流服务商能否把正确的产品在正确的时间以正确的数量送到他们手中，供应链中的物流客户服务应具有三种柔性：产品柔性、时间柔性、数量柔性，这三个方面较难使用定量的方式进行描述，因此更方便用客户的主观感知来衡量，为定性指标。

综上所述,所有类型指标的汇总见表4-4。

表4-4　指标类型汇总

一级指标	二级指标	指标含义
时间	订单完成周期时间	客户发出订单到收到所需货物的总时间
	订单完成周期时间的一致性	某一特定的订单完成周期时间,与原定时间或以前所需时间的一致性
	物流服务响应时间	物流服务商从接到订单到送达客户的时间
成本	供应链物流总成本	供应链节点企业物流成本总和
	成本分摊	供应链物流成本在节点企业之间的合理分摊
	供应链物流成本收益比率	收入/供应链物流总成本
质量	可靠性	供应商对客户做出的所有承诺的兑现情况
	柔性	物流服务商对突发情况的应变能力或灵活性
	完美订单满足率性	满足率×准时率×无错率

4.4　供应链视角下物流客户服务绩效评价指标的权重确定

4.4.1 运用模糊层次分析法的计算过程

如第三章所述,本书借鉴 Chang（1992,1996）的程度分析方法分四个步骤来完成供应链视角下物流客户服务绩效评价因素的权重确定。令 $P=\{p_1,p_2,\cdots p_n\}$ 为一个同级的影响因素集合,$Q=\{q_1,q_2,\cdots q_n\}$ 为一个目标集合,每一个因素将被代入每个目标进行程度分析,利用模糊数进行"程度"的量化,得出对于每个因素的m个程度分析值 $N_{oi}^1, N_{oi}^2, \cdots, N_{oi}^m, \quad i=1,2,\cdots,n$,其中 $N_{oi}^j(j=1,2,\cdots,m)$ 为三角模糊数。此处的模糊数集和符号与 3.3 中的模糊数集和符号是一致的,而三角模糊数的代数运算也遵循 3.3 中模糊数集的数学规则和定义。

步骤一：定义第 i 个因素的模糊综合程度值为：

$$F_i = \sum_{j=1}^{m} N_{oi}^j \otimes \left[\sum_{i=1}^{n} \sum_{j=1}^{m} N_{oi}^j \right]^{-1}$$ （4-10）

其中 $\sum_{j=1}^{m} N_{oi}^j$ 的值可以对特定矩阵进行 m 个程度分析值的模糊加运算得到，即：

$$\sum_{j=1}^{m} N_{oi}^j = \left(\sum_{j=1}^{m} n_{1j}, \sum_{j=1}^{m} n_{2j}, \sum_{j=1}^{m} n_{3j} \right)$$ （4-11）

$\sum_{i=1}^{n} \sum_{j=1}^{m} N_{oi}^j$ 的值则可以对 $N_{oi}^j (j=1,2,\cdots m)$ 进行模糊加运算，即：

$$\sum_{i=1}^{n} \sum_{j=1}^{m} N_{oi}^j = \left(\sum_{i=1}^{n} n_{1j}, \sum_{i=1}^{n} n_{2j}, \sum_{i=1}^{n} n_{3j} \right)$$ （4-12）

而 $\left[\sum_{i=1}^{n} \sum_{j=1}^{m} N_{oi}^j \right]^{-1}$ 则可以由上述结果的模糊数倒数得到，即：

$$\left[\sum_{i=1}^{n} \sum_{j=1}^{m} N_{oi}^j \right]^{-1} = \left(\frac{1}{\sum_{i=1}^{n} n_{3i}}, \frac{1}{\sum_{i=1}^{n} n_{2i}}, \frac{1}{\sum_{i=1}^{n} n_{1i}} \right)$$ （4-13）

步骤二：在 $n_{11} < n_{23}$ 的情况下，定义模糊数 $N_1=(n_{11},n_{12},n_{13}) \geq N_2=(n_{21},n_{22},n_{23})$ 的可能程度为：$V(N_1 \geq N_2) = \sup[\min(\mu_{N1}(x), \mu_{N2}(y))]$，由于 N_1 和 N_2 是凸模糊数，因此 N_2 大于等于 N_1 的可能性可以由 N_1 和 N_2 的最高交点决定，如图 4-1 所示，可得：

$$V(N_2 \geq N_1) = hgt(N_1 \bigcap N_2) = \begin{cases} 1, & n_{22} \geq n_{12} \\ \dfrac{n_{11} - n_{23}}{(n_{22} - n_{23}) - (n_{12} - n_{11})} \end{cases}$$ （4-14）

步骤三：定义一个凸模糊数大于等于其他 k 个凸模糊数的可能性为：$V(N \geq N_1,N_2,\cdots N_k) = V[N \geq N_1]$ 且 $(N \geq N_2) \cdots (N \geq N_k) = \min(N \geq N_1)$，令 $m(P_i)=\min V(F_i \geq F_k)$，其中 k=1,2,$\cdots$,n，并且 $k \neq i$，这样就可以得到权重向量：

$$Wp = (m(p_1), m(p_2), \cdots, m(P_n))^T$$

步骤四：将权重向量 W_p 做归一化处理，则可以得到同级各因素最终的权重向量为：$W = (w(p_1), w(p_2), \cdots, w(P_n))^T$

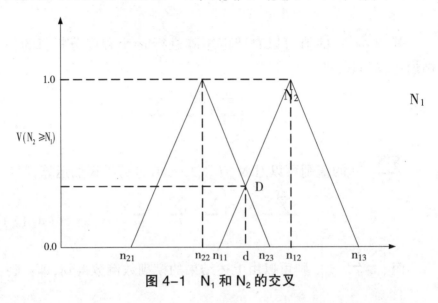

图 4-1　N_1 和 N_2 的交叉

4.4.2 具体计算

本研究在之前使用德尔菲法确定供应链视角下物流客户服务绩效评价的影响因素的专家组成员中挑选了 5 位身在湖北省武汉市的专家，其中包括 2 名物流管理和供应链管理的理论研究人员，以及物流企业管理者、制造型企业物流或供应链管理人员、销售型企业物流或供应链管理人员各 1 名，对每一级影响因素指标间的相互重要程度进行了详细细致的探讨，并确定比较模糊矩阵，模糊语意表达为模糊数的对应关系见表 4-5。按照之前的德尔菲法确定的供应链视角下物流客户服务绩效评价的影响因素结果，可绘制出如图 4-2 所示的层级结构图。

表 4-5　模糊语意与模糊数的对应转化

重要性语义尺度	模糊尺度	倒数模糊尺度
绝对相等	（1,1,1）	（1,1,1）
同等重要	（0.5,1,1.5）	（0.67,1,2）
略微重要	（1,1.5,2）	（0.5,0.67,1）
比较重要	（1.5,2,2.5）	（0.4,0.5,0.67）
非常重要	（2,2.5,3）	（0.33,0.4,0.5）
绝对重要	（2.5,3,3.5）	（0.28,0.33,0.4）

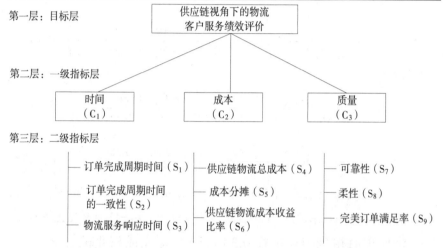

图 4-2　供应链视角下物流客户服务绩效评价层级结构

1. 一级指标层权重的计算

专家小组对 C_1、C_2、C_3 的两两比较的模糊结果见表 4-6,其中表中最右边一列的权重是计算后所得结果。

表 4-6　一级指标比较结果及权重

	C_1	C_2	C_3	权重
C_1	（1,1,1）	（0.5,1,1.5）	（1,1.5,2）	0.37
C_2	（0.67,1,2）	（1,1,1）	（0.5,1,1.5）	0.33
C_3	（0.5,0.67,1）	（0.67,0.1,2）	（1,1,1）	0.30

计算过程按照 4.4.1 所述,具体如下:

三个一级指标($C_1 \sim C_3$)的模糊综合程度值分别用 F_1、F_2、F_3 表示,则:

$$F_1 = (2.5, 3.5, 4.5) \otimes (1/13, 1/9.17, 1/6.83) = (0.19, 0.38, 0.659)$$
$$F_2 = (2.17, 3, 4.5) \otimes (1/13, 1/9.17, 1/6.83) = (0.167, 0.327, 0.659)$$
$$F_3 = (2.17, 2.67, 4) \otimes (1/13, 1/9.17, 1/6.83) = (0.167, 0.291, 0.586)$$

F_i 之于 F_j 的可能性程度为:

$$V(F_1 \geq F_2) = 1, \quad V(F_1 \geq F_3) = 1$$

$$V(F_2 \geq F_1) = \frac{n_{11} - n_{23}}{(n_{22} - n_{23}) - (n_{12} - n_{11})} = \frac{0.19 - 0.659}{(0.327 - 0.659) - (0.38 - 0.19)} = 0.898$$

$$V(F_2 \geq F_3) = 1$$

$$V(F_3 \geq F_1) = \frac{n_{11} - n_{33}}{(n_{32} - n_{33}) - (n_{12} - n_{11})} = \frac{0.19 - 0.586}{(0.291 - 0.586) - (0.38 - 0.19)} = 0.816$$

$$V(F_3 \geq F_2) = \frac{n_{21} - n_{23}}{(n_{32} - n_{33}) - (n_{22} - n_{21})} = \frac{0.167 - 0.586}{(0.291 - 0.586) - (0.327 - 0.167)} = 0.921$$

进一步,$m(C_1) = \min V(F_1 \geq F_2, F_3) = \min(1,1) = 1$,同理可得 $m(C_2) = 0.898$,$m(C_3) = 0.816$。因此,权重向量 $W_P = (1, 0.898, 0.816)^T$,归一化处理后得到 $W = (0.37, 0.33, 0.30)^T$,即完成权重的计算。

2. 二级指标权重的计算

(1)时间指标权重的计算。专家小组对时间指标中的三个指标 S_1、S_2、S_3 进行两两比较的模糊结果,见表 4-7。

表 4-7　时间的二级指标比较结果及权重

	S_1	S_2	S_3	权重
S_1	(1, 1, 1)	(1, 1.5, 2)	(0.5, 1, 1.5)	0.37
S_2	(0.5, 0.67, 1)	(1, 1, 1)	(1, 1.5, 2)	0.34
S_3	(0.67, 1, 2)	(0.5, 0.67, 1)	(1, 1, 1)	0.29

其中,三个二级指标($S_1 \sim S_3$)的模糊综合程度值分别用 F_1、F_2、F_3 表示。则:

$$F_1 = (2.5, 3.5, 4.5) \otimes (1/12.5, 1/9.33, 1/7.17) = (0.2, 0.375, 0.628)$$

$$F_2 = (2.5, 3.17, 4) \otimes (1/12.5, 1/9.33, 1/7.17) = (0.2, 0.34, 0.558)$$

$$F_3 = (2.17, 2.67, 4) \otimes (1/12.5, 1/9.33, 1/7.17) = (0.173, 0.286, 0.558)$$

F_i 之于 F_j 的可能性程度为：

$$V(F_1 \geqslant F_2) = 1, \quad V(F_1 \geqslant F_3) = 1$$

$$V(F_2 \geqslant F_1) = \frac{n_{11} - n_{23}}{(n_{22} - n_{23}) - (n_{12} - n_{11})} = \frac{0.2 - 0.558}{(0.34 - 0.558) - (0.375 - 0.2)} = 0.911$$

$$V(F_2 \geqslant F_3) = 1$$

$$V(F_3 \geqslant F_1) = \frac{n_{11} - n_{33}}{(n_{32} - n_{33}) - (n_{12} - n_{11})} = \frac{0.2 - 0.558}{(0.286 - 0.558) - (0.375 - 0.2)} = 0.801$$

$$V(F_3 \geqslant F_2) = \frac{n_{21} - n_{33}}{(n_{32} - n_{33}) - (n_{22} - n_{21})} = \frac{0.2 - 0.558}{(0.286 - 0.558) - (0.34 - 0.2)} = 0.869$$

进一步地，$m(C_1) = \min V(F_1 \geqslant F_2, F_3) = \min(1,1)$，同理可得 $m(C_2) = 0.911, m(C_3) = 0.801$，因此，权重向量 $W_p = (1, 0.911, 0.801)^T$，归一化处理后得到 $W = (0.37, 0.34, 0.29)^T$，即完成权重的计算。

（2）成本指标权重的计算。专家小组对成本指标中的三个指标 S_4、S_5、S_6 进行两两比较的模糊结果见表 4-8。

4-8 成本的二级指标比较结果及权重

	S_4	S_5	S_6	权重
S_4	（1,1,1）	（1,1.5,2）	（1,1.5,2）	0.43
S_5	（0.5,0.67,1）	（1,1,1）	（0.5,1,1.5）	0.27
S_6	（0.5,0.67,1）	（0.67,1,2）	（1,1,1）	0.30

其中，三个二级指标（$S_4 \sim S_6$）的模糊综合程度值分别用 F_1、F_2、F_3 表示。则：

$$F_1 = (3, 4, 5) \otimes (1/12.5, 1/9.33, 1/7.17) = (0.24, 0.429, 0.697)$$

$$F_2 = (2, 2.67, 3.5) \otimes (1/12.5, 1/9.33, 1/7.17) = (0.16, 0.286, 0.488)$$

$$F_3 = (2.17, 2.67, 4) \otimes (1/12.5, 1/9.33, 1/7.17) = (0.174, 0.286, 0.558)$$

F_i 之于 F_j 的可能性程度为:

$$V(F_1 \geq F_2) = 1, \quad V(F_1 \geq F_3) = 1$$

$$V(F_2 \geq F_1) = \frac{n_{11} - n_{23}}{(n_{22} - n_{23}) - (n_{12} - n_{11})} = \frac{0.24 - 0.488}{(0.286 - 0.488) - (0.429 - 0.24)} = 0.634$$

$$V(F_2 \geq F_3) = 1$$

$$V(F_3 \geq F_1) = \frac{n_{11} - n_{33}}{(n_{32} - n_{33}) - (n_{12} - n_{11})} = \frac{0.24 - 0.558}{(0.286 - 0.558) - (0.429 - 0.24)} = 0.69$$

$$V(F_3 \geq F_2) = \frac{n_{21} - n_{33}}{(n_{32} - n_{33}) - (n_{22} - n_{21})} = \frac{0.16 - 0.558}{(0.286 - 0.558) - (0.286 - 0.16)} = 1$$

进一步地,$m(C_1) = \min V(F_1 \geq F_2, F_3) = \min(1,1) = 1$,同理可得 $m(C_2) = 0.634$,$m(C_3) = 0.634$。因此,权重向量 $W_P = (1, 0.634, 0.69)^T$,归一化处理后得到 $W = (0.43, 0.27, 0.30)^T$,即完成权重的计算。

(3)质量指标权重的计算。专家小组对质量指标中的三个指标 S_7、S_8、S_9 进行两两比较的模糊结果见表4-9。

表4-9　质量的二级指标比较结果及权重

	S_7	S_8	S_9	权重
S_7	(1,1,1)	(1,1.5,2)	(0.5,1,1.5)	0.37
S_8	(0.5,0.67,1)	(1,1,1)	(0.5,1,1.5)	0.29
S_9	(0.67,1,2)	(0.67,1,2)	(1,1,1)	0.34

其中,三个二级指标($S_7 \sim S_9$)的模糊综合程度值分别用 F_1、F_2、F_3 表示。则:

$$F_1 = (2.5, 3.5, 4.5) \otimes (1/13, 1/9.17, 1/6.83) = (0.19, 0.38, 0.659)$$

$$F_2 = (2, 2.67, 3.5) \otimes (1/13, 1/9.17, 1/6.83) = (0.154, 0.291, 0.512)$$

$$F_3 = (2.33, 3, 5) \otimes (1/13, 1/9.17, 1/6.83) = (0.179, 0.327, 0.732)$$

F_i 之于 F_j 的可能性程度为:

$$V(F_1 \geq F_2) = 1, \quad V(F_1 \geq F_3) = 1$$

$$V(F_2 \geq F_1) = \frac{n_{11} - n_{23}}{(n_{22} - n_{23}) - (n_{12} - n_{11})} = \frac{0.19 - 0.512}{(0.291 - 0.512) - (0.38 - 0.19)} = 0.783$$

$$V(F_2 \geqslant F_3) = \frac{n_{31} - n_{23}}{(n_{22} - n_{23}) - (n_{32} - n_{31})} = \frac{0.179 - 0.512}{(0.291 - 0.512) - (0.327 - 0.179)} = 0.902$$

$$V(F_3 \geqslant F_1) = \frac{n_{11} - n_{33}}{(n_{32} - n_{33}) - (n_{12} - n_{11})} = \frac{0.19 - 0.732}{(0.327 - 0.732) - (0.38 - 0.19)} = 0.911$$

$$V(F_3 \geqslant F_2) = 1$$

进一步地, $m(C_1) = \min V(F_1 \geqslant F_2, F_3) = \min(1, 1) = 1$, 同理可得 $m(C_2) = 0.783$, $m(C_3) = 0.911$, 因此, 权重向量 $W_P = (1, 0.783, 0.911)^T$, 归一化处理后得到 $W = (0.37, 0.29, 0.34)^T$, 即完成权重的计算。

综合上述结果, 可以得到供应链视角下物流客户服务绩效评价的影响因素权重的汇总结果, 如图 4-3 所示。

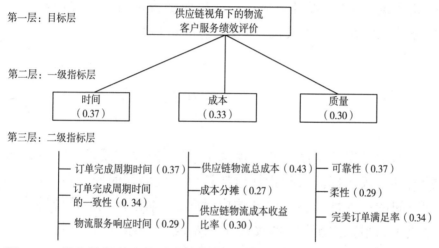

图 4-3 供应链视角下物流客户服务绩效评价影响因素权重的汇总结果

以上研究结果表明, 供应链视角下物流客户服务绩效评价的三个一级指标时间、成本和质量的权重分别为 0.37、0.33 和 0.30。可见, 时间指标在供应链视角下物流客户服务绩效评价中的影响作用最大。而传统的从单一企业视角评价物流客户服务绩效时非常注重的成本指标在本研究中影响作用较时间指标要小, 这与当前市场变化的迅速和剧烈是分不开的, 也和当前供应链之间的竞争从效率的竞争慢慢转向敏捷的竞争这一趋势完全相符。在时间和成本这两个一级指标中, 订单完成周期时间 (权重为 0.37) 与供应链物流总成本 (权重为 0.43) 分别是它们最为重要的影响因素,这充分体现了本书的研究背景是从供应链角度考虑绩效问题,也就是要从多个合作企业的角度而不是从单个节点企业角度出发评价绩效。同时,成本分摊这一指标的提出也体现了从供应链视角评价物流客户服务绩效需要更多地协调节点企业之间的利益关系。在质量指标中,完美订单满足率(权重为0.34)是继可靠性(权重为0.37)之后处于第二位的影响因素,这也是本书通过研究得出的又一重要结论,完美订单满足率界定为满足率、准时率和无错率的乘积,是零缺陷管理理念的体现,也说明了当代市场竞争不再是企业和企业间的竞争而是供应链和供应链间的竞争这一事实,而且更体现了从供应链视角出发考虑物流客户服务绩效问题其要求更高,需要更多因素之间的有机结合。

4.5　本章小结

本章首先使用德尔菲法甄选出时间、成本和质量三个一级指标及其二级指标。时间指标包括订单完成周期时间、订单完成周期时间的一致性和物流服务响应时间,成本指标包括供应链物流总成本、供应链物流成本收益比率及成本分摊,质量指标包括可靠性、柔性、完美订单满足率。然后再使用模糊层次分析法对于供应链视角下物流客户服务的评价指标各自的影响作用大小(即权重)进行分析计算。本书发现:在供应链视角下物流客户服务绩效评价中时间指标的影响作用最大,而传统的从单一企业视角评价物流客户服务绩效时非常注重的成本指标排在了第二位,这与当前迅速变化的市场环境及大多数供应链已由效率型逐渐转向敏捷型的趋势是一致的。另外,订单完成周期时间和供应链物流总成本在时间与成本这两个一级指标中分别占的权重最大。同时,本书的研究要从多个合作企业的角度出发评价物流客户服务绩效问题,专家们提出了成本分摊指标,但这是需要进一步深入研究解决的难题之一。此外,基于零缺陷管理理念,本书在质量指标中提出了完美订单满足率这个二级指标。由此,对于接下来的提升策略研究提供了依据。

5 供应链视角下物流客户服务绩效评价流程与控制

5.1 基于 PDCA 的物流客户服务绩效评价流程设计

5.1.1 PDCA 管理思想

PDCA 循环也叫戴明环、戴明轮（Deming Wheel）、PDSA 循环、持续改进螺旋（Continuous Improvement Spiral）。最早是由美国质量统计控制之父沃特·阿曼德·休哈特（Walter A. Shewhart）引入 PDS（Plan-Do-See）的雏形，随后由美国质量管理专家戴明（Edwards Deming）进一步完善，并获得了普及。戴明认为管理中的任何工作可以分为 4 个阶段，即：计划阶段（Plan），实施阶段（Do），检查阶段（Check/Study），行动（处理）阶段（Action）。整个组织工作按照 PDCA 顺序进行，任务落实到各环节，各环节也按 PDCA 顺序展开工作。这样就形成了一个大环套小环，环环相扣不停地向前移动的循环机制。每循环一次都会把目标或标准带到一个新的高度，使管理绩效逐步提高。具体的 PDCA 可以分成以下四个阶段、八个步骤来实现。其循环过程如图 5-1 所示。

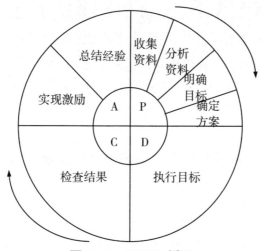

图 5-1 PDCA 循环

第一个阶段，P—PLAN，制定计划阶段。即根据组织目标建立必要的目标与过程并分析现状，找出存在问题的原因、分析问题产生的原因，找出其中主要原因，拟订措施计划。这个阶段分为以下四个步骤：第一步，分析现状，找出存在的问题。对于存在的问题，要尽可能用数据加以说明，可用直方图、排列图、控制图等方法；第二步，找出产生问题的各种影响因素，并对其进行分析，所用工具通常是因果图（亦称鱼刺图）；第三步，找出影响目标控制的主要因素，常用方法是相关图、排列图等；第四步，针对主要因素，制定活动计划和措施。回答"5W1H"，即什么计划（What）、为什么制定该计划（Why）、由谁来完成（Who）、何时开始、何时完成（When）、在哪里实施（Where）、如何完成（How）等具体内容。

第二个阶段，D—DO，实施和执行计划阶段。就是按预定计划，目标和措施及其分工实实在在地去执行，努力实现。这也是PDCA 的第五步。

第三个阶段，C—CHECK，检查阶段。在计划实施过程中和实施后将实际情况和计划进行对比，检查计划执行情况是否达到预期效果，经验如何，教训是什么，产生错误的原因在哪里，这既要检查结果，又要从中找出原因。这是 PDCA 的第六步。

第四个阶段，A—ACTION，行动（处理）阶段。包括两个步骤：第七步，采取措施，持续改进过程业绩，把成功的经验纳入循环过程，以巩固已经取得的成绩，防止再重复发生已经发生过的问题；第八步，提出尚未解决的问题，并对遗留的问题转入下一次循环。

5.1.2 PDCA 循环用于本书的可行性分析

现代管理理论认为，有效的管理活动应该是一个闭合的环，并且是一个持续改进与提高的过程，而 PDCA 循环理论的核心也是通过持续不断的改进，使事物在有效控制状态下向预定目标发展。因此，按照持续改进与提高的系统论观点，绩效管理体系可以借用 P-D-C-A 的动态循环模式来构建。供应链视角下物流客户服务绩效评价流程管理就是通过合理的绩效评价体系，对供应链物流客户服务绩效的信息进行分析、评价，并对评价结果进行反馈与控制，以达到提升供应链整体绩效水平的目的。供应链视角下物流客户服务绩效评价流程管理是绩效管理的具体应用，其过程也是在最初的绩效评价方案执行阶段有效性最低，通过对方案实施效果的检查发现问题，有针对性地采取措施解决问题，并将遗留下来的未解决的问题留到下一个循环解决，经过循环往复达到不断提高物流客户服务绩效水平的目的，如图 5-2 所示。所以，供应链视角下物流客户服务绩效评价流程管理与 PDCA 循环理论之间存在着逻辑一致性，将 PDCA 循环应用于物流客户服务绩效评价流程管理具有可行性。

5.1.3 供应链视角下物流客户服务绩效评价流程

根据前文论述，在物流客户服务绩效评价中应当首先以供应链管理维度的战略目标实现为基础，充分考虑其与物流服务提供商之间各主要因素的关系后，进一步建立起各物流服务提供商维度的物流客户服务绩效评价体系。基于此，为了摆脱目前在绩效管理领域多陷入指标和评价的误区,本书研究并提出了基于 PDCA 系统管理思想的供应链视角下物流客户服务绩效评价流程,如图 5-3 所示。

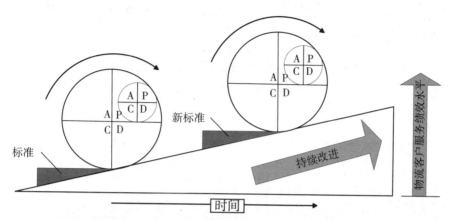

图 5-2　物流客户服务绩效通过 PDCA 循环管理不断提升

　　从图中可以看出,基于 PDCA 的供应链视角下物流客户服务绩效评价以供应链整体战略为起点,将供应链战略愿景转换为物流客户服务提供商的战略目标,以建立物流客户服务绩效目标体系;然后结合各层次绩效目标选择评价标准;再并根据物流客户服务绩效评价的性质和特点选择具体的评价方法;接着分析影响物流客户服务绩效的各关键因素,据此提取关键指标,形成评价指标体系;然后,组织实施物流客户服务绩效评价方案,并对评价结果进行检查;最后,根据检查结果对物流客户服务评价系统进行持续改进,在总体流程上进一步提炼出相应的企业激励措施以提升供应链整体绩效水平。

　　在基于 PDCA 管理思想的物流客户服务绩效评价流程建立起来后,更重要的是对整体流程中各重要过程进行控制。评价控制系统是一种以绩效评价为核心的管理控制系统模式,其最终目标与管理控制系统目标一样即为了实现供应链及企业战略目标。评价控制系统对于企业的控制环境要求较高,不仅要求企业具有良好的管理基础和明确的战略目标,而且要求形成良好的企业文化和经营管理者具有较高的管理素质。因此相对于制度控制系统和预算控制系统而言,评价控制系统属于一种更高层次的管理控制模式,同时作为管理控制系统的一种模式评价,控制系统模式主要包括战略计划、业绩评价(包括评价目标、评价指标、评价标准和评价方法)信息与沟通(包括评价结果的反馈和处理)、奖励与惩罚等几个子系统。

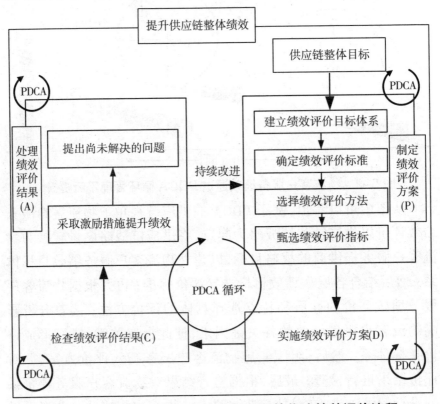

图 5-3 基于 PDCA 的供应链视角下的物流绩效评价流程

物流客户服务绩效评价控制是指供应链组织通过评价的方式规范组织中各级节点企业及各类服务提供商的经济目标以及经济行为。从控制环节来看,物流客户服务绩效评价控制包括评价目标的确定、评价标准的确立、评价方法的选择、评价指标的选择、评价结果的反馈和处理等。其具体控制过程将在下面几节中具体说明。

5.2 供应链视角下物流客户服务 绩效评价方案设计控制

5.2.1 绩效评价目标控制

绩效管理系统的目的性决定了绩效管理要始终以目标为归宿。因此,供应链视角下物流客户服务绩效评价目标控制要以供应链整体绩效最大化为主要目标,以充分体现供应链整体战略目标对物流客户服务绩效评价的影响,以及物流客户服务对供应链整体绩效需求的满足,保证供应链物流客户服务提供商都按照供应链战略目标要求的方向努力,以有效实现供应链整体战略目标。应该注意到,一个系统的产出速度和产出量受制于系统的瓶颈环节。所以,供应链视角下物流客户服务绩效评价控制目标必须锁定绩效评价系统的薄弱环节,并朝着突破系统薄弱环节的方向前进。

目标的明确性直接会影响绩效管理控制系统的成功与否。具体、明确的绩效目标不仅会提高绩效评价的效果和准确性,还可以为评价标准的设定、评价方法的选择和评价指标的选定提供指导。本书所研究的供应链视角下物流客户服务绩效在绩效评价目标的控制上要以供应链整体战略为主要的目标来源,这样才能够充分体现出供应链整体战略目标对物流客户服务绩效评价的影响,及物流客户服务对供应链整体绩效需求的满足,也能保证供应链中每个节点企业都按照供应链要求的方向努力,使供应链整体战略目标得以真正实现。

供应链视角下物流客户服务绩效目标的控制框架如图5-4所示。值得注意的是,计划期所制定的绩效目标必须符合以下几点要求:目标必须是具体、明确的;目标必须是可以有效衡量的;目标必须是个人和企业共同认可的;目标必须是容许状态下可实现的;目标的完成必须有时间表。即通常所说的"SMART"标准,SMART 是 S（Specific）、M（Measurable）、A（Agreed）、R（Realizable）、T（Time bound）的缩写。

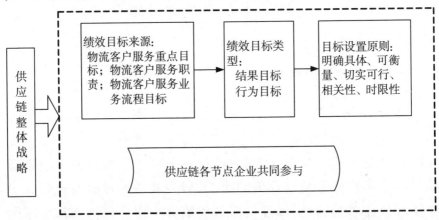

图 5-4 供应链视角下物流客户服务绩效评价目标控制

在本书所研究的供应链视角下,物流客户服务绩效目标体系的建立是从供应链物流战略出发,清晰界定供应链整体战略成果,以及促成该成果的物流客户服务绩效驱动因素,并把这些因素串成具有逻辑关系的目标体系。这一目标体系实质上是供应链管理战略目标自上而下的延伸。物流客户服务绩效目标体系的设置,至少涉及四个流程:依据供应链总体战略对下属企业分配主要目标;各节点企业管理人员与核心企业一起议定本节点企业的目标;根据商议的结果各节点企业成员设定自己的具体目标;各节点企业共商实现目标的行动方案。从供应链整体战略到物流客户服务绩效目标的分解过程如图 5-5 所示。为保证目标体系的成功设立,应建立目标的协商和选择机制,让各节点企业在自愿的基础上明确自己分目标及各项业务的子目标,从而最大化地认同目标体系,并为各目标的实现而努力。同时供应链中各节点企业也要明确自己及其他成员所承担的责任,并建立起目标实施的评价和监督机制,通过供应链各节点企业的共同努力,确保供应链总体战略目标的实现。

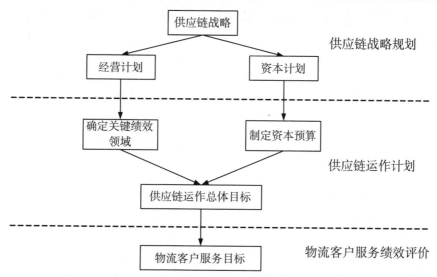

图 5-5 从供应链整体战略到物流客户服务绩效目标的分解过程

5.2.2 评价标准控制

Brown（1987）认为好的评价标准必须具备下列要点：评价标准必须与组织目标保持一致；评价标准必须是具体的；评价标准必须是现实的；评价标准必须是可测量的；评价标准必须具有一定的挑战性；评价标准必须是动态的；评价标准必须是可理解的。杜胜利（1999）指出有效的绩效标准通常要满足下列要求：标准能量化则量化，不能量化则必须具体明确；标准应该透明且广为人知；标准最好经被评价者认可；标准应该具有挑战性；标准经过努力应该可以实现。综合以上观点，本书依据供应链管理的特点以及物流客户服务绩效评价的目标，认为供应链视角下物流客户服务绩效评价标准要满足以下要求：①评价标准要与供应链战略目标保持一致；②评价标准应能够作为一种共同语言和共同观念在供应链各节点企业之间进行沟通；③评价标准是具体并且可测量的，能量化的应尽可能量化，无法量化的则必须尽可能地具体、明确；④评价标准应具有一定的灵活性，能够适应供应链内外环境的变化，而一旦它难以适应环境变化时，则应对标准及时做出调整；⑤评价标准应该具有一定挑战性，同时又要通过努力能够实现。

5.2.3 评价方法控制

评价方法回答的是"如何进行绩效评价"的问题。在明确了供应链视角下物流客户服务绩效评价目标，构建了相应的评价指标体系和设定了具体而明确的评价标准之后，需要考虑的是选择什么方法得到绩效评价的结果。目前主要的评价方法有两大类：一类是单一评价方法，是选择单一指标，计算其实际值，并将该实际值与预先设定的评价标准进行对比，从而对评价客体的绩效做出判断；另一类是综合评价方法，是以多元指标体系为基础，在评价标准、评价指标和评价结果之间建立起一种函数关系，计算出每个评价指标的实际值，然后根据所建立的函数关系得出综合的评价结论。

评价方法的选择必须考虑评价指标体系的构成，因为不同类型评价指标，其指标值的确定方式存在较大差异。在本书所研究的供应链视角下物流客户服务绩效评价中，所构建的物流客户服务绩效评价指标体系是一个综合性的指标集合，既包括定量指标，也包括定性指标。因此，单一评价方法无法覆盖评价客体的各个方面，故而在评价方法的选择上，需要兼顾不同类型指标的特点，运用综合评价方法。本书第三章已经详细论述了供应链视角下物流客户服务绩效评价方法的选择过程，在此不再赘述。

5.2.4 选择评价指标控制

在供应链视角下物流客户服务绩效评价中，绩效评价指标说明的是"评价什么"的问题。它既是绩效评价的依据，也是绩效评价系统的核心要素。根据对现有文献的研究发现，多数学者选择了财务、柔性、响应性、可靠性等指标作为绩效评价的指标，而基于供应链视角的物流客户服务既要考虑单个物流服务商的利益,又要考虑供应链各节点企业的利益和整体绩效提升问题,因而本书选用了时间、成本、质量等作为绩效评价的一级指标。在选择二级指标时,笔者注意到如果各大类中所包含的单项指标过多,就很容易增加指标体系的复杂性,从而使评价者难以专注于最重要的战略目标。所以,供应链视角下物流客户服务绩效评价的指标体系只应该包括那些能够反映物流客户服务绩效的关键指标。

5.3 供应链视角下物流客户服务绩效评价方案实施控制

给出了供应链视角下物流客户服务绩效评价方案后,就需要开始实施方案,即对应于 PDCA 的管理循环系统里的 "DO" 的环节,就是根据所收集的绩效信息,运用所选定的评价方法,计算各绩效评价指标值,并得出绩效评价结果。为保证绩效评价结果真实可信,一定要注意影响绩效评价结果的信息的收集和处理。为此,收集和处理信息的方法和方式要科学可行。另外,为保证信息真实可靠还需要供应链内部各环节之间的良好沟通。

5.3.1 应用模糊层次分析法选择供应链视角下物流客户服务方案

如果制定出来的绩效评价方案是用来选择物流服务商,那么按照本书第四章的论述,可以使用模糊层次分析法对于其分别拟定的物流客户服务方案在供应链的视角下进行合理、科学的评价与选优,如图 5-6 所示。本书使用 C_i 表示一级指标,S_j 表示二级指标,A_k 表示各个备选方案。

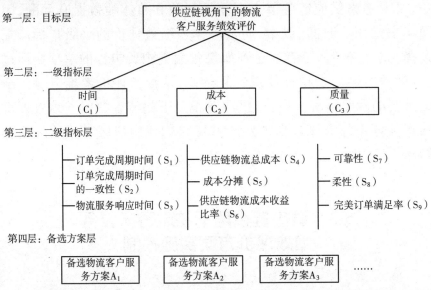

图 5-6　使用 FAHP 进行物流客户服务方案选优的示意图

在按照第四章论述的方法确定了一级指标和二级指标的权重后,还需要按照以下步骤进行备选方案的选优。

步骤一:仿照指标权重计算的方法,确定各备选物流客户服务方案。在二级指标上的优先权重 R_{ci},(i=1,2,3)（所谓优先权重是按照模糊计算的方式,将各备选物流客户服务方案在某个特定的二级指标上的表现进行两两比较,从而计算出各备选方案在该二级指标上表现的优劣得分）。

步骤二:将各备选物流客户服务方案在各二级指标上的优先权重矩阵 R_{ci} 与二级指标的权重 W_{ci} 相乘,得到各备选物流客户服务方案在一级指标上的优先权重 W_i。

步骤三:将各备选物流客户服务方案在各一级指标上的优先权重矩阵 R 与一级指标的权重 W 相乘,得到各备选物流客户服务方案在目标层上（即供应链视角下物流客户服务的绩效）的优先权重 B。

步骤四:选择优先权重最高的物流客户服务方案作为最优方案。

为了便于理解上面的步骤,下面给出一个算例说明整个计算过程。

5.3.2 算例分析

设有备选方案 A_1、A_2、A_3,现在运用上述方法对它们进行决策。

1. 确定各方案在二级指标上的优先权重

通过计算,得出备选方案 A_1、A_2、A_3 在二级指标 S_1 上的优先权重,结果见表 5-1。

表 5-1　方案 A_1、A_2、A_3 在 S_1 上的优先权重

	A_1	A_2	A_3	优先权重
A_1	（1,1,1）	（0.5,0.67,1）	（0.5,0.67,1）	0.21
A_2	（1,1.5,2）	（1,1,1）	（1,1.5,2）	0.45
A_3	（1,1.5,2）	（0.5,0.67,1）	（1,1,1）	0.34

其中,三个备选方案 A_1、A_2、A_3 在二级指标 S_1 上的优先权重计算过程如下:

三个备选方案 A_1、A_2、A_3 的在二级指标 S_1 上模糊综合程度值分别用 F_1、F_2、F_3 表示。则:

$$F_1 = (2,2.34,3) \otimes (1/12,1/9.5,1/7.5) = (0.167,0.246,0.4)$$
$$F_2 = (3,4,5) \otimes (1/12,1/9.5,1/7.5) = (0.25,0.421,0.667)$$
$$F_3 = (2.5,3.17,4) \otimes (1/12,1/9.5,1/7.5) = (0.208,0.334,0.533)$$

F_i 之于 F_j 的可能性程度为:

$$V(F_1 \geq F_2) = \frac{n_{21}-n_{13}}{(n_{12}-n_{13})-(n_{22}-n_{21})} = \frac{0.25-0.4}{(0.246-0.4)-(0.421-0.25)} = 0.462$$

$$V(F_1 \geq F_3) = \frac{n_{31}-n_{13}}{(n_{12}-n_{13})-(n_{32}-n_{31})} = \frac{0.208-0.4}{(0.246-0.4)-(0.334-0.208)} = 0.686$$

$$V(F_2 \geq F_1) = 1, \quad V(F_2 \geq F_3) = 1$$

$$V(F_3 \geq F_1) = 1$$

$$V(F_3 \geq F_2) = \frac{n_{21}-n_{33}}{(n_{32}-n_{33})-(n_{22}-n_{21})} = \frac{0.25-0.533}{(0.334-0.533)-(0.421-0.25)} = 0.765$$

进一步地，$m(C_1) = \min V(F_1 \geqslant F_2, F_3) = \min(1,1) = 0.462$，同理可得 $m(C_2) = 1$，$m(C_3) = 0.765$。因此，权重向量 $W_p = (0.462, 1, 0.765)^T$，归一化处理后得到（$0.21, 0.45, 0.34$）^{T}，即完成权重的计算。

仿照此计算方法，得出备选方案 A_1、A_2、A_3 在二级指标 S_2、S_3 上的优先权重，结果见表 5-2、5-3。

表 5-2　方案 A_1、A_2、A_3 在 S_2 上的优先权重

	A_1	A_2	A_3	优先权重
A_1	（1,1,1）	（0.4,0.5,0.67）	（0.5,0.67,1）	0.10
A_2	（1.5,2,2.5）	（1,1,1）	（1,1.5,2）	0.56
A_3	（1,1.5,2）	（0.5,0.67,1）	（1,1,1）	0.34

表 5-3　方案 A_1、A_2、A_3 在 S_3 上的优先权重

	A_1	A_2	A_3	优先权重
A_1	（1,1,1）	（1,1.5,2）	（0.5,1,1.5）	0.37
A_2	（0.5,0.67,1）	（1,1,1）	（0.5,1,1.5）	0.29
A_3	（0.67,1,2）	（0.67,1,2）	（1,1,1）	0.34

由此，得到备选方案 A_1、A_2、A_3 在二级指标 S_1、S_2、S_3 上的优先权重矩阵 R_{C_1}：

$$R_{C_1} = \begin{pmatrix} 0.21 & 0.10 & 0.37 \\ 0.45 & 0.56 & 0.29 \\ 0.34 & 0.34 & 0.34 \end{pmatrix}$$

仿照上面的计算方法，也得出备选方案 A_1、A_2、A_3 在二级指标 S_4、S_5、S_6 及 S_7、S_8、S_9 上的优先权重，结果见表 5-4 至 5-9。

表 5-4　方案 A_1、A_2、A_3 在 S_4 上的优先权重

	A_1	A_2	A_3	优先权重
A_1	（1,1,1）	（1,1.5,2）	（0.5,1,1.5）	0.37
A_2	（0.5,0.67,1）	（1,1,1）	（1,1.5,2）	0.34
A_3	（0.67,1,2）	（0.5,0.67,1）	（1,1,1）	0.29

表 5-5　方案 A_1、A_2、A_3 在 S_5 上的优先权重

	A_1	A_2	A_3	优先权重
A_1	（1,1,1）	（1,1.5,2）	（1,1.5,2）	0.43
A_2	（0.5,0.67,1）	（1,1,1）	（0.5,1,1.5）	0.27
A_3	（0.5,0.67,1）	（0.67,1,2）	（1,1,1）	0.30

表 5-6　方案 A_1、A_2、A_3 在 S_6 上的优先权重

	A_1	A_2	A_3	优先权重
A_1	（1,1,1）	（0.67,1,2）	（0.5,0.67,1）	0.30
A_2	（0.5,1,1.5）	（1,1,1）	（0.67,0.1,2）	0.33
A_3	（1,1.5,2）	（0.5,1,1.5）	（1,1,1）	0.37

表 5-7　方案 A_1、A_2、A_3 在 S_7 上的优先权重

	A_1	A_2	A_3	优先权重
A_1	（1,1,1）	（1.5,2,2.5）	（1.5,2,2.5）	0.61
A_2	（0.4,0.5,0.67）	（1,1,1）	（0.5,1,1.5）	0.16
A_3	（0.4,0.5,0.67）	（0.67,1,2）	（1,1,1）	0.23

表 5-8　方案 A_1、A_2、A_3 在 S_8 上的优先权重

	A_1	A_2	A_3	优先权重
A_1	（1,1,1）	（0.5,1,1.5）	（1.5,2,2.5）	0.45
A_2	（0.67,1,2）	（1,1,1）	（1.5,2,2.5）	0.45
A_3	（0.4,0.5,0.67）	（0.4,0.5,0.67）	（1,1,1）	0.10

表 5-9　方案 A_1、A_2、A_3 在 S_9 上的优先权重

	A_1	A_2	A_3	优先权重
A_1	（1,1,1）	（0.5,1,1.5）	（1,1.5,2）	0.37
A_2	（0.67,1,2）	（1,1,1）	（0.5,1,1.5）	0.33
A_3	（0.5,0.67,1）	（0.67,0.1,2）	（1,1,1）	0.30

所以，备选方案 A_1、A_2、A_3 在二级指标 S_4、S_5、S_6 上的优先权重矩阵 A_{c1} 和备选方案 A_1、A_2、A_3 在二级指标 S_7、S_8、S_9 上的优先权重矩阵 R_{c2} 和 R_{c3}：

$$R_{C_2} = \begin{pmatrix} 0.37 & 0.43 & 0.30 \\ 0.34 & 0.27 & 0.33 \\ 0.29 & 0.30 & 0.37 \end{pmatrix} \quad R_{C_3} = \begin{pmatrix} 0.61 & 0.45 & 0.37 \\ 0.16 & 0.45 & 0.33 \\ 0.23 & 0.10 & 0.30 \end{pmatrix}$$

2. 计算各备选方案在一级指标上的优先权重

将备选方案 A_1、A_2、A_3 在一级指标 C_1 上的优先权重矩阵 W_{C_1} 相乘,得到方案 A_1、A_2、A_3 在一级指标 C_1 上优先权重 R_1。即:

$$R_1 = R_{C_1} \otimes C_1 = \begin{pmatrix} 0.21 & 0.10 & 0.37 \\ 0.45 & 0.56 & 0.29 \\ 0.34 & 0.34 & 0.34 \end{pmatrix} \begin{pmatrix} 0.37 \\ 0.34 \\ 0.29 \end{pmatrix} = \begin{pmatrix} 0.219 \\ 0.441 \\ 0.340 \end{pmatrix}$$

将备选方案 A_1、A_2、A_3 在一级指标 C_2 上的优先权重矩阵 W_{C_2} 相乘,得到方案 A_1、A_2、A_3 在一级指标 C_2 上优先权重 R_2。即:

$$R_2 = R_{C_2} \otimes C_2 = \begin{pmatrix} 0.37 & 0.43 & 0.30 \\ 0.34 & 0.27 & 0.33 \\ 0.29 & 0.30 & 0.37 \end{pmatrix} \begin{pmatrix} 0.43 \\ 0.27 \\ 0.30 \end{pmatrix} = \begin{pmatrix} 0.365 \\ 0.318 \\ 0.317 \end{pmatrix}$$

将备选方案 A_1、A_2、A_3 在一级指标 C_3 上的优先权重矩阵 W_{C_3} 相乘,得到方案 A_1、A_2、A_3 在一级指标 C_3 上优先权重 R_3。即:

$$R_3 = R_{C_3} \otimes C_3 = \begin{pmatrix} 0.61 & 0.45 & 0.37 \\ 0.16 & 0.45 & 0.33 \\ 0.23 & 0.10 & 0.30 \end{pmatrix} \begin{pmatrix} 0.37 \\ 0.29 \\ 0.34 \end{pmatrix} = \begin{pmatrix} 0.482 \\ 0.302 \\ 0.216 \end{pmatrix}$$

3. 计算各备选方案在目标层上的优先权重

将各备选方案 A_1、A_2、A_3 在各一级指标上的优先权重矩阵 R 与一级指标的权重 W 相乘,得到各备选方案在目标层上(即供应链视角下物流客户服务的绩效)的优先权重 B。即:

$$B = R \otimes W = \begin{pmatrix} 0.219 & 0.365 & 0.482 \\ 0.441 & 0.318 & 0.302 \\ 0.340 & 0.317 & 0.216 \end{pmatrix} \begin{pmatrix} 0.37 \\ 0.33 \\ 0.30 \end{pmatrix} = \begin{pmatrix} 0.346 \\ 0.359 \\ 0.295 \end{pmatrix}$$

4. 进行决策

根据上一步的计算可以看出,备选方案 A_1、A_2、A_3 的优先权重分别为 0.346、0.359、0.295,其中 0.359 最大,所以应选择方案 A₃ 作为最优方案。也就是将其对应的绩效评价对象作为我们要选择的物流服务商。当只有一个物流绩效评价对象时,则根据第四章中设计的绩效评价体系的各个指标来收集其绩效信息,对其在各评价指标中的得分进行计算,得出评价结果。

5.4 供应链视角下物流客户服务绩效评价结果检查控制

PDCA 管理循环中的"Check"环节,是对供应链视角下物流客户服务绩效评价方案的实施结果及其科学性的考察和检验。其主要内容为根据之前设立的绩效评价目标检查供应链视角下物流客户服务绩效评价方案的执行情况是否达到预期效果,确定有待改进的关键因素或重要的发展需求。可以通过头脑风暴法征求专家、物流服务商和客户企业的意见,找到被评价对象在物流客户服务过程中最需要改进的地方,即运用因果分析法找出产生偏差的原因,得到的因果图如图 5-7 所示。

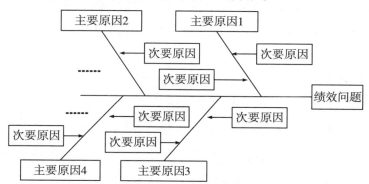

图 5-7 找出供应链视角下物流客户服务绩效产生偏差原因的因果图

在供应链视角下物流客户服务绩效评价结果的控制过程中,对绩效评价系统的各要素进行检测、分析。具体包括:设定的绩效评价目标体系是否合理、选择和设定的绩效评价标准是否适当、选择的绩效评价方法是否与评价指标特征和评价要求相符、评价过程中的计算是否正确、绩效评价指标体系是否覆盖了关键绩效驱动因素、整个系统要素的衔接配合以及运作的效率和效果如何等。这一环节的控制结果主要用以指导供应链视角下物流客户服务绩效评价的持续改进。但是,如果检查出来的结果显示产生偏差的原因是不可控的因素或目前无法采取相应的措施进行改进的因素,那么绩效评价流程需要重新回到评价方案制定环节,对制定的绩效评价方案进行修改。

5.5 物流客户服务绩效评价系统持续改进控制

PDCA 管理循环中的"Action"环节,是在供应链下的物流客户服务绩效的评价与检查的基础之上,对于供应链内各个节点企业和物流服务商进行正向或者负向的激励,并且提出物流客户服务改进措施,明确下一轮 PDCA 的控制目标。绩效的改进往往应该按照标杆管理的思路,寻找行业认可的标杆供应链或者标杆企业,将本供应链内的物流客户服务评价的各个一级指标与二级指标与标杆(或者标准)进行对照分析,找出物流客户服务存在的主要差距,并采取针对性的改进策略。相应的提升策略的建议在第六章中将做详细阐述。如此,一个完整的 PDCA 循环过后,物流客户服务就可以实现新的改进与提高,从而不断提升企业物流客户服务水平,实质性增强供应链整体竞争力。

系统所具有的演化性特征决定了物流客户服务绩效评价系统必须适应系统内外环境变化的要求,应该是一个不断演进的动态系统。根据 Waggoner 等(1999)的研究结果,推动绩效评价系统演进和变化的因素主要来自四个方面:外部影响因素、内部影响因素、过程因素和转换因素。这四个方面的因素实际上是内部和外部两大类动因。内部动因主要体现为现有绩效评价系统的评价要素是否能够满足评价主体实现其评价目的的要求。外部动因主要通过两种机制发挥作用：外部环境的变化直接作用于某一方面的评价要素；外部环境的变化影响到评价主体和评价目的，从而间接影响绩效评价的其他要素。因此，供应链视角下物流客户服务绩效评价系统的构建并非一劳永逸的工作，无论内部因素的变化，还是外部因素的变化，都会对该系统提出改进要求。在供应链运作过程中需要对物流客户服务绩效评价系统进行实时监控，并根据实际情况适时进行调整，以尽可能确保该系统能够适应内外部环境的变化。

5.6　本章小结

在借鉴经典的 PDCA 循环理论的基础上，本章设计了供应链视角下物流客户服务绩效评价流程，并提出了针对每个评价环节的控制机制，目的在于通过对绩效评价方案设计环节、绩效评价方案实施环节、绩效评价结果检查环节及评价系统持续改进环节的控制管理，不断推进物流客户服务绩效水平的提升。在基于PDCA 的供应链视角下物流客户服务绩效评价管理控制中，至关重要的是绩效评价方案设计环节，要以供应链整体战略为起点，建立物流客户服务绩效目标体系，然后结合各层次绩效目标选择评价标准，再根据物流客户服务绩效评价的性质和特点选择具体的评价方法，本书采用德尔菲法来甄选绩效评价指标，运用模糊层析分析法来确定各指标的权重；在实施物流客户服务绩效评价环节，重在信息的收集和沟通，本书应用模糊层次分析法来选择物流服务商；对评价结果的检查控制重点是要检查绩效评价方案的执行情况和有待改进的地方；最后，根据评价结果对评价系统进行改进，并在总体流程上进一步提炼出相应的激励措施以提升供应链整体绩效水平。这种持续改进、螺旋式上升的绩效评价管理模式,将评价范围扩大到整个评价体系,改变了过去绩效评价只重视评价过程和结果的状况,因而对有效实施供应链物流客户服务绩效评价及提升物流客户服务绩效乃至供应链绩效都将有重要意义。

6 物流客户服务绩效提升策略

6.1 绩效提升策略的着力点

如第四章所述,本书建立了以时间、成本和质量为一级指标的供应链视角下物流客户服务绩效评价的指标体系。提升物流客户服务绩效,就需要从这些指标的特性入手,找到各自的着力点,从而提出相应的提升策略。在评价指标体系中时间指标是第一位的,而时间的压缩需要供应链各节点企业及企业内部各部门的协调配合;成本指标的绩效提升不仅要强调降低总成本,还要强调成本在各成员之间的合理分摊,这就需要以互利共赢和风险共担为指导思想,采取相应的措施;质量的提高不仅要求服务质量可靠,而且要通过无缺陷服务质量管理,达到完美订单满足率最大化的目标,而柔性的提高依靠了解客户需要、实施定制化服务来满足客户需求。

6.1.1 时间指标绩效提升策略的着力点

Stalk(1988)曾指出要想企业占领市场和赢得竞争,其强有力的竞争武器是时间。本书重要的研究结论之一就是时间指标在供应链视角下物流客户服务绩效评价中的影响作用最大,这与当今市场变化的迅速和剧烈是分不开的,也和当前供应链之间的竞争从效率的竞争慢慢转向敏捷的竞争这一趋势完全相符。供应链视角下物流客户服务绩效评价的时间指标由订单完成周期时间、订单完成周期时间一致性以及物流服务响应时间等二级指标构成。要想提升时间绩效这一目标,需要从时间压缩的焦点从整个供应链的角度进行综合战略考虑,即从生产和物流客户服务过程出发,通过供应链各节点企业及企业内部各部门的协调配合达到该目标。然而,在现实的供应链管理中,一些问题仍然制约着物流客户服务时间指标绩效的提升,主要表现在以下方面。

1. "二律背反"现象的存在

即此消彼长的"能量守恒",是指一方面的增长必然会以另一方面的减少作为代价。二律背反现象广泛地存在于供应链物流管理活动中。如总的交易成本与客户服务水平之间的关系,一方面供应商要保证在交货期内完成货物交付,不得不留有大量库存,这就会产生大量的库存成本,也会带来存货变质或贬值的风险;另一方面,要减少供应链物流总成本,就要尽可能地减少库存,那么就有可能发生缺货损失,甚至会导致丧失客户、影响公司形象。所以,只有尽可能地缩短响应时间,才能解决这个矛盾,实现两者平衡。二律背反现象也存在于构成物流系统的各个环节之间(像运输、仓储、配送、装卸及包装等)。例如包装费用减少,必然会对其库存有更高的要求,从而产生更高的库存成本;而库存减少,运输的次数必然会增加,从而带来运输成本的增加。要想最大限度地缓和这些因素之间的矛盾,无疑要从压缩时间,提高其响应能力着手。

2. "牛鞭效应"的存在

随着全球市场需求变化的加速,对需求预测提出了更高的要求。然而,在许多情况下,误差会随着预测范围的扩大而增加。一般情况下,对付不确定性的方法是增加安全库存,基于此种考虑,零售商为保证在客户需要时不缺货,会根据需求预测购进多于安全库存的产品数量;分销商为保证零售商要货时不缺货,会根据预测存储多于安全库存的产品数量。这样层层累积,会越来越偏离原先根据市场需求的预测结果,这就是"牛鞭效应"。由于存在"牛鞭效应",预测误差层层扩大,缩小预测误差的难度变得更大。解决这一问题的最好办法之一就是减少整个系统的时间消耗,即缩短提前期,进而降低库存和成本,提高供应链对市场需求变化的有效响应能力。

3. 产品生命周期不断缩短

在日益激烈的市场竞争中,客户对产品的需求越来越偏重及时性、敏捷性,而不再仅仅是个性化、多样化,越来越多的产品,开发周期日益缩短,在市场上停留的时间越来越短,也面临比以前更大的过时风险,供应链管理面临着不断缩短交货期的压力。由此,缩短产品开发时间,并及时把适合市场需求的新产品投入市场,是企业获得竞争优势的一个关键因素。

6.1.2 成本指标绩效提升策略的着力点

供应链视角下物流客户服务绩效评价的成本指标由供应链物流总成本、供应链物流成本收益比率和成本分摊等二级指标构成,其中供应链物流总成本是供应链节点企业物流成本的总和;供应链物流收入与供应链物流总成本的比率构成供应链物流成本收益比率;成本分摊体现在供应链物流成本在各成员之间的合理分摊。经研究发现,目前要提升成本指标的绩效主要存在以下障碍。

1. 物流客户服务成本存在隐含性特点

在本书研究过程中,正是由于供应链管理中物流成本的隐含性,调查对象最难提供的就是与成本相关的资料。由于劳动力和产品分摊了企业现有的会计核算制度中的企业成本,因而企业"损益表"中并没有直接记录物流成本。订单处理成本可能计入销售费用;部分存货持有成本可能存在于财务费用之中;厂内运输成本常常包含在生产成本之中；物料回运成本往往计入产品销售成本或货物的购入成本；物料的损耗则可能作为营业外支出列入损益表；等等。正是因为物流成本被分散于财务会计的各类费用之中，所以大多数企业所表现出来全部物流费用往往是其发生的费用的二分之一或更少。因此，找到合理的成本核算方式是降低物流客户服务成本的必经之路。

2. 成本管理对象涉及整个供应链的全部物流活动

目前，多数企业对物流客户服务成本的核算与控制仅限于"销售物流"和"企业内物流"，即从生产工厂到客户的商品流通领域。但本书提出的是在供应链视角下研究物流客户服务成本管理问题，其管理范围就需要扩大到企业与上下游企业之间发生的相关成本，包括物流客户服务的各环节的成本（如：分拣成本、运输成本、仓储成本等）。另外，供应链视角下物流客户服务成本管理应站在供应链全局的角度，分析整个物流客户服务流程，考虑各环节的物流客户服务成本以及物流整体的效率与效益的关系，以实现供应链物流客户服务最优及效益最佳。

3. 物流客户服务成本也存在"二律背反"效应

物流客户服务涉及多种物流基本功能，包括配送、运输、保管、装卸等，各环节的成本之间存在着此消彼长的关系。例如，配送中心的数目与运输费用和保管费之间就存在二律背反现象。另外，供应链视角下物流客户服务绩效管理是把供应链各节点企业（包括供应商、生产商、分销商、最终客户等）都纳入绩效管理体系中，不仅仅是单个企业或部门的事了，但他们之间的利益关系一定程度上也存在此消彼长现象，以各个节点企业之间库存量与保管费的关系为典型代表。因此，需要建立信息共享机制、协商机制、利益共享/风险共担等机制来保障物流客户服务成本绩效的提升。从而使得物流客户服务总成本降低，成本在各节点的分摊合理。

6.1.3 质量指标绩效提升策略的着力点

供应链赖以生存与发展的关键、提升时间指标和成本指标绩效的基础是高质量的物流客户服务。因此,提升供应链视角下物流客户服务绩效也必须重视质量指标绩效的提升。本书所研究的供应链视角下物流客户服务绩效中的质量指标由可靠性、完美订单满足率及柔性等二级指标构成,其中可靠性主要包括以下特征:到货完好无损、到货货物的数量完全符合订单的要求、货物准确送达目的地、订单完全交付等;完美订单满足率主要通过订单满足率、准时交货率以及无差错率的综合表现;柔性是指物流服务提供者能对突发情况的应变能力或灵活性。为提高质量指标绩效,需要注意以下三个方面。

1. 物流客户服务质量的高低受到客户满意度的影响

物流客户服务质量的高低受物流客户服务的满意度的直接影响,而客户对服务的感知和认同又与满意度紧密相关,但由于存在客户间个体差异、服务提供者的主观看法等因素,客户满意的服务质量与物流客户服务提供企业所构想的服务质量之间通常存在差异。因此,物流客户服务质量绩效的评价结果由物流客户服务过程中的期望与客户感知之间的差异程度决定。显而易见,当客户接受物流服务商的服务时都会存在一定的期望。然而,由于客户对物流客户服务绩效评价标准有着各不相同的期望,或者说对这些标准的优先顺序有不同的理解。因此,物流服务商必须对这些期望的形成过程进行深入研究以满足客户的期望。

2. 物流客户服务质量对于零缺陷质量管理的要求

准时率、无错率和满足率的乘积是对完美订单满足率的界定,体现了零缺陷物流客户服务质量管理理念,而且更体现了在供应链视角下考虑物流客户服务绩效问题,需要更多因素之间的有机结合,其要求更高。将数量准确、型号无误、与相关票据相符的产品完好无损、准时地送到正确的地点并被客户妥善接收就是完美订单满足,这需要企业实现承诺的零缺陷物流客户服务。值得注意的是,尽管所有服务对象都希望得到零缺陷的物流客户服务,但物流服务商不可能将零缺陷服务提供给所有层次的客户。因此,企业只能有选择地把高水平的优质服务提供给一些重点客户,通过整合运输、库存控制、客户联盟、信息技术以及延迟策略等物流资源,以满足重点客户的需求。

3. 物流客户服务质量对企业灵活应对突发情况能力的要求

物流客户服务的柔性是物流客户服务质量指标衡量的又一重要条件,因此它可以被认为是改善质量指标绩效的一种资源,但目前一些问题较大地影响了物流客户服务柔性,主要体现在三个方面:一是产品品种及数量的变化。企业的研发能力随着技术进步和市场需求向多元化、多样化方向发展并不断增强,大大缩短了产品的生命周期,产品品种日益增加且不断更新,加之不同产品品种的组合以及所需产品数量的变化,就会被涉及可供调配的物流装备等资源的多样性和适应性的要求。二是需求时间的变化。由于不同节点企业之间需求预测的偏差、客户购买力的波动及其个性和心理特征等,对需求时间的要求也千差万别,为了提升物流客户服务水平,保证客户满意度,需要有灵活的配送方式与交货策略做保证,才能做到在尽量不增加库存成本的同时不发生缺货。三是需求地点的变化。由于需求点常分布于不同地域,供应点到需求点之间、不同需求点之间的配送渠道或运输路线及其数量的不同和变化,对不确定性需求的响应速度和响应成本也就直接造成影响。因此,需要采取有效措施来针对这些特性,增强物流客户服务柔性,从而提升质量指标绩效。

6.2　时间层面提升策略

6.2.1 实行并行工程

　　并行工程的思想是以系统的观点来处理产品开发过程。针对供应链各种流程,仔细审查其分配时间的方式,分析各环节价值的时间因素,将物流周期中的增值时间和非增值时间区分开来,据此重组物流活动的业务流程。将物流中非增值的工序清除,压缩工序中冗余的时间,对各道工序的连接过程进行重组。产品整个生命周期中的所有因素,包括质量、成本、进度和用户需求等,在产品设计开始时都要被考虑进去,以并行化、标准化、一体化为指导原则,对产品设计、生产、销售中的各种问题采用并行方法处理方式,从而可以有效地缩短产品开发周期,提高产品质量。

　　并行工程中是通过调度来实现对资源的分配和管理,便于方便、有效地完成产品的开发,一般常见的调度方法有:①规划估算和检查技术(PERT),这是一种用最可能时间、最长时间及最优时间的加权平均来估算任务完成时间的方法;②顺序图法(PDM),是 PERT 和 CPM 的一种扩展,可以用来处理顺序约束关系的情况,但是 PERT 和 CPM 只能处理"结束–开始"的情况;③复合分配因子法(CAF),就是一种同时考虑变化资源需求和任务完成时间的资源分配策略,也是一种启发式算法;④关键路径法(CPM),也就是寻求任务网络中的关键路径从而得到项目的最短完成时间。

6.2.2 采用延迟化策略

　　延迟化策略(Postponement)是指供应链上顾客化活动延迟直至接到订单时为止,也就是在时间和空间上推迟顾客化活动,使产品和服务与顾客的需求实现无缝连接。延迟化策略一般分为形式延迟(或也称生产延迟)、时间延迟(也称物流延迟)。(Bowersox 和 Closs,1996)形式延迟是说通过制造一定数量的标准产品或者基础产品来实现规模经济,将产品实体特征被推迟到收到客户的订单之后。时间延迟是指全部货品预估将在一个或者多个战略地点进行,在订单之后进行进一步库存部署。这两种延迟模式都减少了供应链物流预估风险,只是方式不同。形式延迟侧重于产品,移动供应链物流系统中的无差别部件并依据客户在发送时间前的具体要求进行修改。时间延迟侧重于时间,就是个别物品(特别是价格高的物品)被集中在供应链物流网络中。个别主要集中在中央仓库中,在客户订单到达后快速作出反应,在中央仓库中物流程序被启动,然后货物被运送到客户所在地的仓库或者直接被快运给客户。在实施延迟化策略的时候,要根据产品的价格、数量和规模经济及客户要求的发送速度和一致性等因素采取与之相应的延迟化形式。实施延迟化策略进行供应链管理,不仅缩短了客户服务时间,从而提升服务的时间绩效,还可以通过规模经济,大幅降低库存成本,提升服务的成本绩效。

6.2.3 形成良好的信息机制

目前要消除"牛鞭效应"的重要手段之一,就是实现供应链各节点企业之间完全的信息共享和高质量的信息传递。在供应链中,供应链下游节点企业一般对市场信息具备较快的反应能力,上游企业将其市场预测信息与其下游企业共享,就可以使供应链上所有节点企业根据共享的信息制定生产、库存和销售计划,极大地减少因不确定性造成的节点企业之间的供货不及时,减少由于商品质量不合格导致的双方协商而浪费的时间,从而使物流客户服务时间绩效得到提升。此外,通过获取信息,企业将供应链各企业共享的信息和自身的信息进行集成和整合,从而在一定程度上减少对生产各方面决策的不确定性。同时,良好的信息管理机制可以减少供应链各节点企业获取信息的成本,也有效地降低物流客户服务计划的监督成本和执行成本;通过信息的共享,也有效降低履约成本和讨价还价成本,物流客户服务中的成本绩效水平及最终客户的满意度都得到了提升。

6.3　成本层面提升策略

6.3.1 改进供应链物流客户服务成本核算方法

成本核算是成本控制和管理的核心,所以要想提升成本层面的绩效,就要采取适合的供应链物流客户服务成本核算方法。会计科目设置太细会影响供应链成员企业会计工作的工作效率,也会增加供应链总成本。因此,在不打破现行财务核算方式的条件下,对物流客户服务成本进行内部管理核算是较合理的选择。为了在供应链视角下针对物流客户服务成本进行全面评价,需要对供应链物流客户服务涉及的各类活动进行系统考虑,确立这些活动的基本模式,这样才能明确这些活动与主要物流客户服务成本之间的关系。物流客户服务成本考核的是产品或者服务从最初的起点到最终消费地的整个过程活动中所产生的所有的物流服务费用,可以划分为库存持有成本、订单处理成本、运输成本和仓储成本等。物流客户服务作业流程也都会对这些成本产生影响。例如,库存管理、包装和逆向物流活动会影响库存持有成本,而储存和仓储位置的选择是仓储成本的主要驱动因素。这些成本类别又包含了一些固定的和可变的成本要素,它们都与特定的物流活动息息相关。因此,有必要采取适当的成本核算方法来弄清物流客户各类作业活动的成本费用,准确计算出各个成本指标,并且采取积极的改进措施。

6.3.2 强化供应链物流客户服务成本管理意识

随着市场竞争的不断加剧,物流已成为企业建立竞争优势的"第三源",也就是可以通过有效管理方法,降低物流成本来提高企业的经济效益。现代供应链物流管理的一个显著特征就是追求物流总成本的最小化。在实际管理过程中不能把降低供应链物流总成本的工作集中在某一项具体的功能活动上,而放弃了对供应链物流活动的整合,否则会违背"二律背反"关系,从而导致供应链物流总成本的上升。按照全面成本管理战略的观点,不应只通过追求企业物流的效率化控制供应链物流总成本,而应通过从整个产品分销过程的供应链物流成本效率化来降低供应链物流总成本,从供应链全过程降低供应链物流成本。使用现代管理技术、系统工程观点和目标管理策略,对供应链物流总成本进行整体控制与管理,克服供应链物流成本的"二律背反"现象。为此,企业应一方面加大宣传全面成本管理的力度,使决策层提高物流成本意识,而且要使全体员工统一树立强烈的成本效益观,全体参与成本管理,不仅仅从物流管理部门做降低成本的工作而且在企业各部门展开这样的工作,使供应链物流成本管理深入到产品开发、生产、销售全生命周期中。现代供应链物流理念深入人心,重新检查供应链物流系统和供应链物流运作模式,结合引进的先进供应链物流管理方法,以及企业自身实际,积极探寻降低供应链物流成本管理的有效方法,以降低供应链物流客户服务成本。

6.3.3 建立供应链物流相关机制

1. 建立供应链网络信任机制

供应链的本质是将各节点的核心竞争力进行整合,因而供应链管理的核心和供应链正常运行的基础是合作。而合作的基础是信任,有合作的地方都需要信任。换句话说,信任可以促进供应链伙伴间的合作,减少供应链间的交易成本。因此,供应链节点企业间信任机制的建立是整个供应链正常运营的前提条件。正如 Dyer（1997）指出:双方通过对对方主动积极的信任、自身的商誉和财务上的抵押品来培养和加深彼此的信任感;彼此间的信任可以增加企业与供应商之间关系的专属性相互投资,提高双方信息分享程度,提高再次合作的概率,增加交易量,从而最小化交易成本,最大化交易价值。然而,由于供应链中参与的企业都是独立的利益主体,往往存在利益分配的矛盾,合作的难度远远超过单个企业内部各部门之间的合作。所以,要想加强供应链间的信任,达到协同合作的目的,就要建立相应的信任机制,包括:建立信任评价机制、利益回报机制、网络交流机制和激励机制。

2. 收益分配机制

在本指标体系的成本指标中,本研究特别提出了成本分摊这一指标,就是考虑到供应链管理的目的是为了达到 1+1>2 的效果,因此,供应链产生的收益增加或损失要在成员之间合理分配。而在现实中,供应链优化产生的额外收益或损失大多是被相应的企业承担,在许多情况并不能辨别相应对象或者相应对象错位,因而必须对额外收益或损失进行均衡,建立收益分配机制。供应链收益分配的根本原则为"风险分担、收益共享、多劳多得"。收益分配的解法有多种,如 Shapley 值法、核心法（Nucleohis 法）、纳什（Nash）协商模型、简化的 MCRS（Minimum Costs-Remaining Savings）法等。其中核心法又可分为比例最小核心（Pronortional Least Core）法、最小核心（Least Core）法和弱最小核心（Weak Least Core）法。

6.4　质量层面提升策略

6.4.1 改善客户服务以提高客户满意度

1. 树立以客户为中心的物流客户服务理念

只有对客户的具体需求比竞争者有更清楚的认识,并整合运作及资源来满足客户需求,企业才能实现其商业目标,取得成功。以下四个基本观点支持树立以客户为中心的物流客户服务理念:一是客户的需求比产品和服务都重要;二是产品或服务的定位和可得性只有从客户的角度来考虑才真正有意义;三是客户不同,需求就不同;四是盈利水平对于企业而言比销售量更重要。

2. 了解客户需求

物流服务商开发新的服务项目、提供个性化服务和改进服务流程的重要依据来源于客户的需求信息和变化趋势的掌握。由于产品、生产过程和客户需求的变化,客户企业往往要求物流服务商根据其变化而提供相应的服务,要想提高客户满意度,物流服务商就不仅需要跟上这些需求的变化,而且最好能够预测这些变化,并积极做出相应的反应。因此,需要通过沟通、调查来获取这些变化,做到进一步掌握客户各方面的期望和需求,并力争超过客户的期望,通过提高物流客户服务水平来培养忠诚客户。

3. 提供优质服务

由于目前供应链中各节点企业现代化程度整体上参差不齐,在物流客户服务的需求上呈现多层次特点,因而物流服务商就必须规划物流客户服务来面对多层次的需求。因此,物流服务商首先必须具有基本的服务能力,包括具有能够向客户提供有关物流状态和物流运作等重要信息的能力;具备实施与交货相关的所有业务活动的能力等。同时,物流服务商还应具有服务创新能力,即能够根据相关技术的发展以及客户的需求变化来开发服务项目和服务品种,拓展客户需求。物流服务商可以开发以下两种增值服务提高服务质量,给客户带来利益:一是第四方物流增值服务,如向客户的物流决策提供咨询服务,提供供应链解决方案等。二是信息型增值服务。在信息技术方面有优势的物流服务商可以在物流运作当中融入信息技术,例如运用网络技术向客户提供在线数据查询和在线帮助服务;利用积累和整理的数据,支持客户的需求预测;向供应商下订单的同时提供相关财务报告等。

6.4.2 提高物流客户服务柔性

1. 构建物流客户服务柔性体系

实践证明,在制造过程具有一定的柔性竞争力(采购柔性和供应柔性)的前提下,当客户需求发生多样性变化时,企业具有柔性能力(需求管理柔性和分销柔性)可以有效提高客户满意度。因此,对企业来说,要使管理者以全面的观点来把握柔性,就要先识别物流客户服务柔性竞争力和能力,在此基础上构建物流客户服务柔性体系,这样可以区分顾客满意度受哪些柔性的直接影响,受哪些间接影响。否则,管理者可能忽略顾客能感知和评价的柔性能力,而只会关注可以控制的柔性竞争力,物流客户服务满意度的提升会受到制约。

2. 选择合理的柔性规模

虽然目前大量理论和实证结果都表明,高水平的物流客户服务柔性能够满足客户多样化的需求并提高物流客户服务满意度。但是很多人认为柔性和成本两者难以兼顾,柔性并非越大越好,因为企业如果要使运输、包装、交付等多样化而提高柔性,往往意味着要支付更高的成本。因此,物流服务商必须对不同的柔性规模带来的收益和与之付出的成本费用进行权衡,否则,过高的柔性可能会给企业带来过高的物流客户服务成本,这对企业来说并没有什么意义。

6.5　本章小结

结合前述各章节中所讨论的问题,本章分析了时间、成本和质量三大指标框架下绩效提升的着力点,并针对性地提出了绩效提升的具体策略。时间层面的提升策略包括:实行并行工程,采用延迟化策略,形成良好的信息机制;成本层面的提升策略包括:改进供应链物流成本核算方法,强化供应链物流成本管理意识,建立供应链网络信任机制;质量层面的提升策略包括:改善客户服务以提高客户满意度提高物流客户服务柔性。值得注意的是,评价指标之间存在着一定的逻辑关系:提升时间指标的绩效有助于提高物流客户服务质量水平,同时,物流客户服务质量的提高也有利于时间的压缩。一般提升供应链物流客户服务质量和提升时间指标的绩效,虽然这样一般会增加成本的投入,但是一旦质量和时间指标绩效得以提升,可能又会带来供应链长期的成本下降。因此,有些策略的实施就要顾及评价指标之间在有些情况下出现的"二律背反"现象,在实际操作过程中就需要根据物流服务商所处供应链的整体战略目标协调这些策略的实施力度,以保证在目标指引下不仅提升物流客户服务绩效,而且提高供应链整体绩效水平。

7 物流客户服务与客户忠诚度关系研究

根据 Coyne 的研究,顾客满意与顾客忠诚的关系变化上存在两个关键的阈值(临界值):在高端,当顾客满意达到一定水平后,顾客忠诚将急剧上升;而在低端,当顾客满意下降到某点后,顾客忠诚同样急剧下降。Anderson & Sullivan 在研究中发现,顾客满意与顾客忠诚之间的关系呈现显著差异的原因,可能是顾客忠诚还依赖于顾客满意以外的其他因素,而且顾客满意与顾客忠诚之间的关系可能与特定服务消费情境存在一定的联系。在此背景下,研究人员对顾客忠诚形成机理的研究开始关注顾客满意以外的影响因素。与此同时,随着关系营销的兴起,学术界在研究顾客忠诚的形成机理时更多地将其纳入关系营销的理论框架,强调信任、承诺等关系要素在维系顾客忠诚中的作用。

顾客在购买服务之前,甚至是购买服务之后,往往很难甚至根本无法评估服务的质量。为了谋求私利,不公平的服务性企业很可能会损坏顾客的利益。因此,服务的无形性促使顾客更重视服务的公平性。越来越多的研究开始关注服务公平性对顾客感知的服务质量、顾客满意感以及顾客的行为意向性的影响关系。

7.1 理论框架

物流客户服务毫无疑问属于广义的服务的范畴,因此对于物流的客户服务质量的评价同样可以借助于经典的服务质量评价的模型框架。

经典的服务质量的研究主要包括北欧和北美两大学派，其中北美学派的众多研究成果中影响最大的是营销学家 A. Parasuraman，Valarie Zeithaml，和 Leonard Berry 的研究（其合作研究成果被广泛引用，并在大量引用中简称为 PZB），他们于1985 年提出了差距模型，在这个模型中，探明了产生质量问题的可能根源，该模型显示出在服务设计和提供的过程中，不同阶段间产生的 5 项差距，即所谓的质量差距，而服务质量的高低和消费者对于服务的满意程度则取决于这些差距的方向和大小，如图7-1 所示。从图中可见，能够单纯地从客户端所察觉到的，也是最显著影响客户对于服务质量评价的是客户所期望的服务质量与其实际感知到的服务质量的差距（即差距 5）。

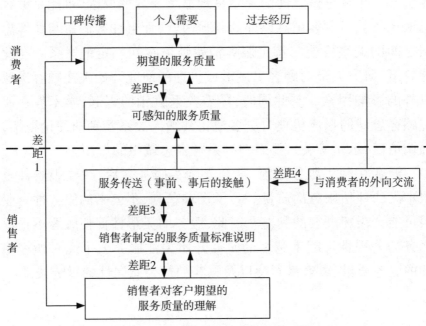

图 7-1　服务质量的差距分析模型

从更为一般性的角度看，客户所期望的服务质量与其实际感知到的服务质量的差距对于客户对服务质量评价的显著影响也符合心理学中的期望确认理论（Expectation Confirmation Theory, ECT）。本书从供应链的视角看待物流客户服务，代表着客户希望自己与提供物流客户服务的特定供应商可以维持一种长期、稳定、友好、双赢的物流服务提供关系,而不是在一次性地接受某一物流服务提供商的物流服务之后就中断双方的业务关系,而这种长期稳定的类似供应链的物流服务关系不仅仅取决于促成客户初次接受某一物流服务提供商的物流服务的因素,也取决于初次采纳物流服务决策的结果。如果客户在初次的物流服务后觉得满意,他就更愿意、也更有可能与该物流服务提供商进行下一次的物流服务业务合作,长此以往则可以形成双方的供应链关系;反之,如果客户对初次的物流服务觉得不满意,他就必然会失去接下来再度与该物流服务提供商进行业务合作的兴趣。期望确认理论在服务科学、市场营销学、信息系统等领域被广泛运用来解释客户满意以及客户的再次购买意愿和购买行为等问题,如上文所述,也同样适用于本研究要解决的供应链视角下的物流客户服务问题。

Oliver(1991)将期望确认理论的框架描述如下:首先,客户在接受服务之前就建立了自己对于该服务的一种期望;接下来,在客户接受该服务的过程中或过程结束后,客户会形成对于该服务实际绩效的感知;之后,客户会将这种感知与原先的期望进行比较,去判断其期望得以确认的程度;再然后,客户会基于这样的确认程度得到对于该服务的满意程度;最后,客户会基于自身的满意程度产生是否再次进行购买的意愿;整个过程如图 6-2 所示。

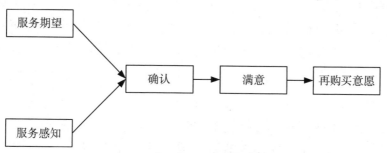

图 7-2　期望确认理论模型框架

在上述的期望确认理论中,可以发现各个构念中,对服务的期望是在服务之前就产生的,对服务的感知产生于服务中或者服务后,而其他构念则产生于服务之后,而 Ballou（1992）认为物流客户服务是企业所提供的总体服务中的一部分,因此,应从企业的角度讨论服务,然后筛选出物流活动特有的因素,将物流服务分为交易前、交易中、交易后三个阶段进行分析,这与期望确认理论的描述也是一致的。

综上所述,本研究将借助期望确认理论为基本框架,对于供应链视角下的物流客户服务进行研究。

7.2 研究假设

按照前文所描述的期望确认模型的理论框架,本章形成供应链视角下的从物流服务提供前到物流服务提供后的如下研究假设。

"期望"这一构念,目前还没有统一确定的定义,有很多研究将期望看作是事件可能性的预计,即客户认为某种服务在未来可以有多大的概率完成;也有很多研究把期望看作一种心理上的期待,即客户认为应该获得哪些服务;还有一部分研究将期望进一步划分,如 McKinney 等（2002）将期望分为描述最优事实状态的理想期望、事件正常标准的应该期望以及强调对未来事件预测的可能期望。本研究接受 Oliver 在期望确认理论中对于这一构念的描述,定义本研究中的"期望"为客户预计他们应该和将要通过本次物流服务从物流服务提供商那里获得什么样的服务。按照期望确认模型的描述,物流服务客户对于特定的物流服务提供商的一次物流服务的期望是整个物流服务客户的期望确认过程的起点,将对于客户对于物流服务的满意以及客户与该物流服务提供商形成供应链合作关系的意愿产生重要影响。

在一次物流服务提供结束后,客户已经对于物流服务提供商在服务提供过程中的实际行为有了自身主观和直接的感知, 客户对于物流服务的评价将同时取决于其之前对于物流服务的期望和实际感知到的物流服务的过程和结果, 即期望确认理论中提到的"确认"的环节。在 Oliver 的期望确认理论中, "确认"被定义为客户对于交易过程中实际状况的感知与交易前预期标准一致性的主观评判。如果当客户对于服务过程的实际感知超出其原先的期望或是与原先期望大致相当的时候, 客户就形成了"确认"(Confirmation)的心理状态; 而当客户感知到的服务过程并不能达到或满足其之前的期望, 客户就将会形成"失验"(Disconfirmation)的心理状态。由此可见, 期望是造成客户确认或是失验状态的基准, 在服务过程恒定不变的情况下, 期望基准越高则客户产生确认的可能性就越小; 而物流服务过程带给客户的实际感知则对于物流服务客户产生确认的心理状态带来正向的影响, 可以假设:

H1: 物流服务客户在服务之前产生的期望对物流服务客户产生确认起到负向影响作用。

H2: 物流服务客户在服务过程中对本次服务的感知对物流服务客户产生确认起到正向影响作用。

客户满意指的是客户在交易或服务完成之后对于是否满足的认知和情感状态, 在这里即为物流服务客户在一次物流服务完成后对于物流服务提供商产生的满足与否的主观心理反应, 是客户在将物流服务过程的实际感知与物流服务之前产生期望的比较, 即确认过程的结果, 高度正向的确认将带来相对较高程度的客户满意。可以假设:

H3: 物流服务客户对本次服务的确认程度对该客户的满意起到正向影响作用。

本研究从供应链的视角看待物流客户服务, 希望研究某一物流服务客户在接受了某一物流服务提供商的一次服务之后, 是否可以形成与该物流服务提供商的长期稳定的双赢合作关系, 因此本研究选择的最终因变量是"忠诚"。按照 Yi（2004）的描述，忠诚应包括三个层面：能记住供应商并不断与其保持联系；与该供应商再次重复交易的意愿；将该供应商推荐给其他客户的意愿。显而易见，这三个层面忠诚的实现不仅可以给供应商本身带来很多切实的利益，同时也可以让客户与供应商形成的供应链稳定共存。大量营销学、服务科学等领域的经典研究（如 Anderson 1993，Bolton 1999，Churchill 1982，Oliver 1980 等）说明了客户满意与客户忠诚之间的正向相关关系，如果一个客户对于之前与某一供应商的一次交易是满意的，该客户会认为他在与这一供应商的交易过程中可以比其与其他供应商的交易获得更大的价值，他就更愿意接受该供应商的产品或服务，就更有可能在未来展开与该供应商的反复交易，从而成功地与其形成长期合作关系，甚至通过积极正向的口碑帮助该供应商推销其产品或服务。本研究同样可以假设：

H4：物流服务客户的满意程度对于该客户对该物流服务提供商的忠诚起到正向影响作用。

对于服务质量的研究，PZB 在 1985 年提出差据分析模型之后，又于 1988 年提出了著名的 SERVQUAL 模型，与期望确认模型相类似，SERVQUAL 认为顾客感知服务质量的评价是建立在对顾客期望服务质量和顾客接受服务后对服务质量感知的基础之上的，而对于服务期望和服务感知两部分，则均可以分为有形性、可靠性、响应性、保证性、移情性这五个维度来描述。

有形性指的是服务企业的有形设备和设施以及员工的外表，在本研究中包括物流服务提供企业所拥有的设备设施、各个环节的物流技术和信息技术以及与客户直接接触的物流服务人员的外表等。可靠性是指按照承诺准确和有效地提供服务的能力，在本研究中包括物流服务提供企业在物流服务的各个环节上的准确率（如：订单处理准确率、运输配送准确率、入库出库准确率、分拣包装准确率等）、物流服务提供企业与客户之间信息传递的准确率以及最终物流服务提供商为客户提供的货物完好的情况。响应性是指帮助顾客并提供及时服务的意愿,在本研究中包括物流服务提供企业在物流服务的各个环节上的及时性(如:订单处理及时性、运输配送及时性、入库出库及时性、分拣包装及时性等)、物流服务提供企业与客户之间信息传递的及时性以及出现突发情况时物流服务提供企业的应变能力。保证性是指员工的知识和礼貌以及他们能激发顾客信任的能力,在本研究中包括物流服务提供企业员工的知识水平、经验、在与客户直接接触过程中的服务态度与热情程度以及与客户进行有效沟通的能力等。移情性是指关怀以及公司提供给顾客的个性化服务的能力,在本研究中包括物流服务提供企业主动为客户考虑,帮助客户缩减成本、解决问题的意愿、为客户提供物流服务的多样化、个性化程度等。

因此,对于物流服务提供前的客户服务期望和物流服务提供过程的客户服务感知就都可以从上述的有形性、可靠性、响应性、保证性、移情性这五个维度来描述。由于服务期望和服务感知可以按照经典的 SERVQUAL 模型分为 5 个维度,为了平衡各个构念之间的繁简程度,突出研究问题,按照 Edwards(2001)的建议,本研究使用分层结构模型(Hierarchical Costruct Model)来进行研究,物流服务客户对物流服务的服务期望、服务感知、确认、满意、忠诚将各自被作为二级构念,而物流服务客户对物流服务的服务期望、服务感知这两个二级构念则分别含有对物流服务有形性、可靠性、响应性、保证性、移情性的期望,有形性、对物流服务可靠性、响应性、保证性、移情性的感知这五个一级构念,这些一级构念与服务期望、服务感知是形成型(formative)的关系,而非反应型(reflective)的关系。

综上所述,本研究的研究模型可以如图 7-3 所示。

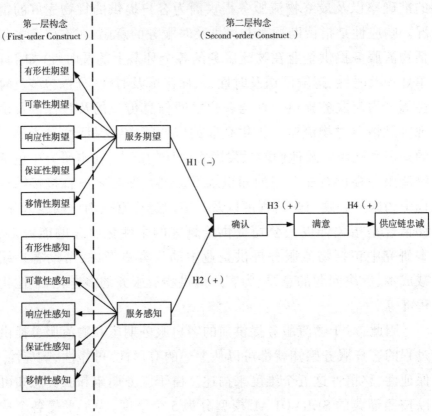

图 7-3　研究模型

7.3　研究方法

7.3.1 样本

本研究通过问卷调查的方法来检测各个研究假设。研究人员首先通过个人联系,在湖北省武汉市寻找到一家大型物流企业,其业务范围涵盖仓储、运输配送、分拣、包装、外贸、冷链等多个方面,客户也涉及不同的行业和规模,并且不仅仅限于武汉市和湖北省。之后,研究人员与正在与该物流企业洽谈需要被提供物流服务的各个客户接触,选择来洽谈物流服务业务的客户个人作为客户企业的联系人,或由其推荐客户企业的联系人。再之后,在客户企业接受该物流公司的物流服务之前,研究人员通过每个客户企业的联系人,使用电子邮件向客户企业的总经理、运营经理、物流经理以及直接获取物流服务的采购、销售等部门的员工发放问卷第一部分,对于研究的服务期望部分进行提问和数据收集。在该物流企业完成了对于客户企业的物流服务之后,再向之前的各问卷填写人的电子邮箱中发放问卷第二部分(基本上与第一部分问卷间隔三到四周),测量研究中的服务感知、确认、满意以及供应链忠诚部分。最后由研究人员将同一电子邮箱两次反馈回来的问卷答案进行汇总,并除去无效问卷,问卷总共发放390份,回收145份,其中有效问卷133份,有效回收率为34.1%,这样的回收率对于企业层面的问卷数据收集是合理的。

7.3.2 测度

本研究的各个构念的测度均使用成熟量表中的测度问题,并应用于本章的研究对象,即物流客户服务中。对于来自于西方文献中的量表,研究人员使用了回译(back translation)的方法,由主要研究人员将各个测度问题翻译成为中文,再邀请另一位研究人员将中文译回英文,并比较其与原文是否存在歧义并修改,从而保证各个测度问题的中文描述不会产生偏差。在问卷发放之前,研究人员还将就问卷的各个部分与各客户企业的联系人进行过较为深入的交流,在斟酌企业联系人的意见进行修改后,可以确保问卷的每一个问题清晰无歧义,整张问卷长度合适,并且不含有包括企业和个人隐私,以及其他会令人产生厌倦情绪的问题和说法,从而确保了本研究的内容效度。

所有构念的测度问题均适用 7 点 Likert 量表,具体的问题描述及文献来源如表 7-1、表 7-2 所示。

表 7-1　第一部分问卷测度

构念	测度项	测度项内容	来源
有形性期望（TAE）	TAE1	我期望该物流企业有现代化的服务设施	PZB，1988
	TAE2	我期望该物流企业的服务设施是有吸引力的	
	TAE3	我期望为我进行物流服务的员工有整洁的服装和外表	
	TAE4	我期望该物流企业的设施与其提供的服务是相匹配的	
可靠性期望（REE）	REE1	我期望该物流企业对我的承诺都能实现	PZB，1988
	REE2	我期望在我遇到困难时，该物流企业能对我表示关心和帮助	
	REE3	我期望该物流企业是可靠的	
	REE4	我期望该物流企业能够准确地提供他们所承诺的服务	
	REE5	我期望该物流企业能正确记录相关的服务	
响应性期望（RSE）	RSE1	我期望该物流企业能告诉我提供服务的准确时间	PZB，1988
	RSE2	我期望该物流企业提供及时的服务	
	RSE3	我期望该物流企业的员工总是愿意帮助我的	
	RSE4	我期望该物流企业对我的任何要求都能及时给予回应	
保证性期望（ASE）	ASE1	我期望该物流企业的员工是值得信赖的	PZB，1988
	ASE2	我期望在于该物流企业进行业务合作时会感到放心	
	ASE3	我期望该物流企业的员工是有礼貌的	
	ASE4	我期望该物流企业支持员工为我提供更好的服务	
移情性期望（EME）	EME1	我期望该物流企业会针对不同的客户提供不同的服务	PZB，1988
	EME2	我期望该物流企业的员工会给予客户个别的关心	
	EME3	我期望该物流企业的员工能理解我的需求	
	EME4	我期望该物流企业能优先考虑客户的利益	
	EME5	我期望该物流企业能满足我特殊的服务时间的要求	

表 7-2　第二部分问卷测度

构念	测度项	测度项内容	来源
有形性感知（PTA）	PTA1	我感觉该物流企业有现代化的服务设施	PZB，1988
	PTA2	我感觉该物流企业的服务设施是有吸引力的	
	PTA3	我感觉为我进行物流服务的员工有整洁的服装和外表	
	PTA4	我感觉该物流企业的设施与其提供的服务是相匹配的	

构念	测度项	测度项内容	来源
可靠性感知（PRE）	PRE1	我感觉该物流企业对我的承诺都能实现	PZB，1988
	PRE2	我感觉在我遇到困难时,该物流企业能对我表示关心和帮助	
	PRE3	我感觉该物流企业是可靠的	
	PRE4	我感觉该物流企业能够准确地提供他们所承诺的服务	
	PRE5	我感觉该物流企业能正确记录相关的服务	
响应性感知（PRS）	PRS1	我感觉该物流企业能告诉我提供服务的准确时间	PZB，1988
	PRS2	我感觉该物流企业提供及时的服务	
	PRS3	我感觉该物流企业的员工总是愿意帮助我的	
	PRS4	我感觉该物流企业对我的任何要求都能及时给予回应	
保证性感知（PAS）	PAS1	我感觉该物流企业的员工是值得信赖的	PZB，1988
	PAS2	我感觉在于该物流企业进行业务合作时会感到放心	
	PAS3	我感觉该物流企业的员工是有礼貌的	
	PAS4	我感觉该物流企业支持员工为我提供更好的服务	
移情性感知（PEM）	PEM1	我感觉该物流企业会针对不同的客户提供不同的服务	PZB，1988
	PEM2	我感觉该物流企业的员工会给予客户个别的关心	
	PEM3	我感觉该物流企业的员工能理解我的需求	
	PEM4	我感觉该物流企业能优先考虑客户的利益	
	PEM5	我感觉该物流企业能满足我特殊的服务时间的要求	
确认（CF）	CF1	我接受该物流企业服务的经历比我预期的要好	Oliver，1999
	CF2	该企业为我提供的物流服务比我预计的要好	
	CF3	总的来说,我之前对该物流企业的大多数预期得到了实现	
满意（SF）	SF1	该物流企业为我提供服务的过程让我觉得满意	Oliver，1999
	SF2	该物流企业为我提供的最终的服务产品让我觉得满意	
	SF3	我很享受这家物流企业为我提供的服务	
供应链忠诚（SL）	SL1	如果我还需要类似的物流服务,我仍然会选择这家企业	Yi，2004
	SL2	我下一次还会选择该物流企业为我进行物流服务	
	SL3	我希望在一年内还有机会接受该企业的物流服务	
	SL4	我会经常和该物流企业进行联系	
	SL5	我会将该物流企业推荐给别的企业和朋友	

7.4 数据分析

本研究使用基于偏最小二乘法的结构方程模型（PLS–SEM，Partial Least Square –Structural Equation Model）的统计分析工具 GRAPH3.0 来进行问卷数据分析。与传统的基于极大似然估计的结构方程模型工具（如 LISREL、AMOS 等）不同，PLS 方法对问卷数据的限制更少，不仅仅可以在模型中同时分析形成型变量和反映型变量，对样本规模、残差分布、变量独立性也没有很强的限制，因此对于本研究更加适用，也可以获得可信度更高的结论。

7.4.1 二级构念的检测

按照 Chin（2003）建议的方法，当低一层次的构念拥有的测度项大致相当的时候，可以使用重复指示方法（repeated indicator approach）来对高一层次的构念进行估计，即使用低一层次构念的所有测度项来直接测量高一层次的构念。在本研究中，服务期望和服务感知作为两个二级构念，其一级构念拥有的测度项的个数均为 4 个或 5 个，满足大致相当的要求，因此可以使用重复指示方法对于服务期望和服务感知这两个二级构念进行测度。

按照 Chin（2003）的建议，需要对每个二级构念的测度质量进行检测。我们首先测量了形成每个二级构念的一级构念的相关系数，根据计算，有形性、可靠性、响应性、保证性、移情性期望各自之间的相关系数在 0.07 到 0.56 之间，平均为 0.29；有形性、可靠性、响应性、保证性、移情性感知各自之间的相关系数在 0.13 到 0.62 之间，平均为 0.32。由于反应型指标的相互相关性会非常高，该结果显示了有形性、可靠性、响应性、保证性、移情性的期望和感知可以很好地被分别表示为服务期望和服务感知的形成型一级构念,而非反应型一级构念。

我们进一步计算了服务期望和服务感知分别与其各自的一级构念之间的关系系数,如图 7-4 所示,其中 * 表示在 0.05 水平下显著,** 表示在 0.01 水平下显著。从图中可以看出,除了移情性期望与服务期望的关系在 0.05 水平下不显著以外,其他所有一级构念与其对应的二级构念之间的路径系数均是显著的。

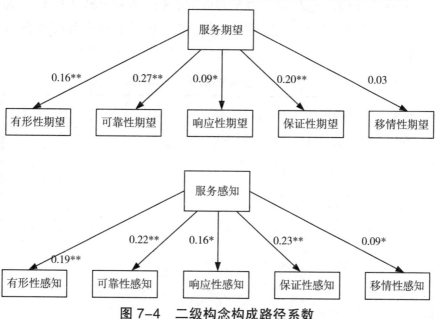

图 7-4 二级构念构成路径系数

之后,我们计算了这些一级构念的变异膨胀因子(variance inflation factor, VIF)来判断多重共线性是否可以被接受,一般认为,当 VIF 大于 10 的时候就表示存在不可以接受的多重共线性。本研究中的一级构念的 VIF 从 1.5 到 3.1 之间,表示多重共线性的问题在本研究中可以不予考虑。按照 MacKenzie(2005)的研究,形成型构念是可以允许包含不显著的因子的,特别是在不存在显著多重共线性的条件之下,由于形成型构念的各个组成部分不可以相互替代,删除不显著的因子反而可能会忽略该构念的某一个维度或方面,因此本研究在接下来的数据分析和处理过程中,保留了包括路径系数不显著的移情性期望在内的所有一级构念。

7.4.2 测量模型

验证性因子分析的结果如表6-3所示,从表中的结果可以看到,所有的观测项均有较高的因子负载(绝大多数因子负载均大于0.7的标准),每一个构念的平均方差萃取值(average variance extracted,AVE)也都大于0.5的标准,这一结果反映了所有的观测项均能与其对应的构念密切相关,也反映了本研究良好的聚合效度。

表7-3 验证性因子分析结果

构念	测度项	因子负载	Cronbach's α	结构信度（CR）	平均方差萃取（AVE）
TAE	TAE1	0.87	0.94	0.96	0.82
	TAE2	0.83			
	TAE3	0.82			
	TAE4	0.85			
REE	REE1	0.81	0.80	0.88	0.71
	REE2	0.74			
	REE3	0.73			
	REE4	0.82			
	REE5	0.71			
RSE	RSE1	0.72	0.84	0.88	0.61
	RSE2	0.70			
	RSE3	0.72			
	RSE4	0.70			
ASE	ASE1	0.79	0.90	0.93	0.77
	ASE2	0.81			
	ASE3	0.80			
	ASE4	0.74			

续表

构念	测度项	因子负载	Cronbach's α	结构信度（CR）	平均方差萃取（AVE）
EME	EME1	0.79	0.84	0.9	0.76
	EME2	0.76			
	EME3	0.76			
	EME4	0.74			
	EME5	0.75			
PTA	PTA1	0.74	0.82	0.88	0.72
	PTA2	0.71			
	PTA3	0.76			
	PTA4	0.73			

续表 7-3　验证性因子分析结果

构念	测度项	因子负载	Cronbach's α	结构信度（CR）	平均方差萃取（AVE）
PRE	PRE1	0.70	0.81	0.87	0.64
	PRE2	0.82			
	PRE3	0.77			
	PRE4	0.62			
	PRE5	0.69			
PRS	PRS1	0.61	0.81	0.85	0.66
	PRS2	0.81			
	PRS3	0.86			
	PRS4	0.84			
PAS	PAS1	0.91	0.80	0.85	0.59
	PAS2	0.80			
	PAS3	0.81			
	PAS4	0.82			
PEM	PEM1	0.67	0.81	0.84	0.51
	PEM2	0.75			
	PEM3	0.81			
	PEM4	0.84			
	PEM5	0.86			

构念	测度项	因子负载	Cronbach's α	结构信度（CR）	平均方差萃取（AVE）
CF	CF1	0.66	0.74	0.78	0.64
	CF2	0.82			
	CF3	0.84			
SF	SF1	0.89	0.83	0.87	0.77
	SF2	0.77			
	SF3	0.80			
SL	SL1	0.80	0.84	0.92	0.73
	SL2	0.82			
	SL3	0.83			
	SL4	0.72			
	SL5	0.73			

从表 7-3 中还可以看到，所有构念的克里 α 值（Cronbach's α）均大于 0.70，结构信度（construct reliability，CR）同样也均大于 0.70，其中绝大多数超过 0.80，这都显示了本研究的良好信度。区分效度则可以通过计算不同构念之间的相关系数，将相关系数的平方与 AVE 进行比较，如表 7-4 所示，从表中可以看到所有构念的 AVE 均明显地大于该构念与其他构念之间的相关系数的平方值，从而显示了本研究良好的区分效度。

7.4.3 结构模型和假设验证

本研究使用 PLS 对假设进行验证的结果如图 7-5 所示，其中 * 表示在 0.05 水平下显著，** 表示在 0.01 水平下显著。

表 7-4 区分效度结果

	TAE	REE	RSE	ASE	EME	PTA	PRE	PRS	PAS	PEM	CF	SF	SL
有形性期望(TAE)	0.82												
可靠性期望(REE)	0.43	0.71											
响应性期望(RSE)	0.21	0.15	0.61										
保证性期望(ASE)	0.30	0.20	0.36	0.77									
移情性期望(EME)	0.34	0.19	0.19	0.47	0.76								
有形性感知(PTA)	0.21	0.18	0.13	0.29	0.37	0.72							
可靠性感知(PRE)	0.21	0.42	0.17	0.48	0.33	0.19	0.64						
响应性感知(PRS)	0.20	0.21	0.26	0.45	0.52	0.07	0.45	0.66					
保证性感知(PAS)	0.18	0.22	0.34	0.26	0.34	0.59	0.39	0.32	0.59				
移情性感知(PEM)	0.27	0.22	0.27	0.32	0.14	0.21	0.03	0.17	0.07	0.51			
确认(CF)	0.39	0.18	0.41	0.17	0.09	0.36	0.33	0.15	0.07	0.07	0.64		
满意(SF)	0.18	0.09	0.33	0.15	0.41	0.30	0.12	0.22	0.21	0.17	0.39	0.77	
供应链忠诚(SL)	0.22	0.17	0.33	0.22	0.48	0.28	0.19	0.10	0.26	0.12	0.40	0.39	0.73

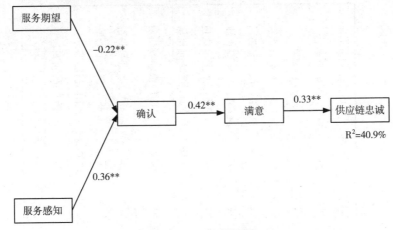

图7-5 研究结果

由图中可以看出,客户在物流服务发生前的服务期望与客户对于物流服务的确认是负相关关系(路径系数=-0.22,p<0.01),客户在物流服务发生后切实的服务感知与客户对于物流服务的确认是正相关关系(路径系数=0.36,p<0.01),客户对于物流服务的确认与客户对于物流服务及物流服务提供企业的满意是正相关关系(路径系数=0.42,p<0.01),而客户对于物流服务的满意将正向影响客户与物流服务提供企业保持长期、稳定、忠诚、双赢的供应链关系(路径系数=0.33,p<0.01),即本研究提出的所有假设均获得了支持。同时,从计算结果还可以发现,本研究的理论假设和模型解释了最终因变量40.9%的变异(R^2=40.9%),表示物流服务的客户是否愿意与物流服务提供商保持长期的供应链合作关系这一问题可以在40.9%的程度上被我们这一基于期望确认理论和服务质量理论基础上的研究模型所解释。

7.5 结果讨论

上述的实证研究结果给我们带来很多启示,主要包括以下几个方面。

第一，物流客户服务在接受了物流服务之后对于物流服务的感知，与其他各类服务一样，可以按照 SERVQUAL 模型所述，分为有形性、可靠性、响应性、保证性、移情性五个方面共同构成，因此，作为提供物流服务的企业，应该五个方面并重，从企业提供物流服务的设施、物流技术和信息技术、提供的物流服务的各个环节的准确率和准时性、降低和避免货损、员工的态度、员工与客户的有效沟通、为顾客提供定制化的服务等多个方面入手改善物流服务的客户对于本企业提供的物流服务的感知，进一步形成对本企业物流服务的确认、满意，最终长期与本企业保持一种忠诚稳定的供应链关系。

第二，物流客户服务在接受了物流服务之前对于物流服务的期望，在 SERVQUAL 模型所述的有形性、可靠性、响应性、保证性、移情性五个方面中对于移情性的期望并不显著，但在物流服务完成之后对于物流服务的感知中却显著地包括了对于移情性的感知，即客户在接受物流服务之前并不期望物流服务提供企业可以为自己提供个性化、定制化的服务，但在接受服务的过程中如果某企业可以满足自身个性化、定制化的物流服务要求的话，客户是可以明显地感知到的。这就为物流服务提供企业达到客户满意，进一步实现忠诚的物流服务供应链关系指出了一个重要的机会，即物流服务提供企业应该努力尝试使用大规模定制的思路，将物流服务分为多个模块，每一个模块提供给客户多种选择，这样多个不同选择的模块组合起来就可以大大提高物流客户服务的定制化程度。物流服务提供企业提供更高的定制化程度的物流服务，就可以使得客户的服务感知更高，而在客户初始的服务期望不显著包含物流服务的定制化时，会大大增加客户对于物流服务及提供企业的确认、满意，并大大增加长期与本企业保持一种忠诚稳定的供应链关系的可能性。

第三，客户对于物流服务的确认可以实现客户的满意，最终达到供应链忠诚，客户对于物流服务的确认不仅仅取决于客户对于物流服务的感知，而是由客户接受物流服务之前的期望与接受了物流服务之后的感知所共同决定的。如果客户在接受物流服务之前对于服务的期望过高,对于客户的满意和供应链忠诚会起到显著的负面作用。这就要求物流服务提供企业在吸引客户,提供服务之前不应该对于自己的服务做夸大的、甚至是虚假的宣传,这样的做法也许能为企业增加一些客户,但是这些客户都会由于企业在服务之前的宣传提高自身对于物流服务的期望,在发现实际对于服务的感知低于这种夸大和虚假的宣传带来的期望之后,客户很难达到期望确认的状态,满意和长期的忠诚关系也就无从产生了。按照服务科学和市场营销学的经典理论,吸引一个新客户的成本比维持一个老客户的成本要高得多,因此,物流服务企业应该从让有机会接受过本企业的物流服务的客户达到与企业长期稳定的供应链关系为出发点,如实合理地对本企业能够提供的物流服务进行宣传,而不是以多吸引新客户为出发点进行夸大、多余,甚至是虚假的服务宣传。

7.6 本章小结

SERVQUAL模型是服务科学中非常经典的研究服务质量的模型,期望确认理论也是心理学中的经典理论,二者在市场营销领域、电子商务领域等均有较充分的运用并得到较好的验证。本章的研究综合这两方面理论为基础,应用于物流客户服务方面,并使用结构方程模型进行实证验证,得出了一系列具备理论和现实意义的结论,既有较强的理论基础,又为物流客户服务的评价提供了一个过程的实证的新视角。

8 基于"互联网+"的高校快递创新模式服务质量研究

近年来,中国经济的快速增长和消费结构的变化,引发了电子商务的井喷式发展,同时带动了物流快递业飞速发展。近7年来,中国快递业务总量从2011年的37亿件增长到2017年的401亿件,2011—2018年中国快递业务量趋势图如图8-1所示。快递末端配送的时效和质量直接影响着消费者的购物体验,越来越多的大型电商企业和快递企业开始重视快递末端配送体系的投入和建设。2018年中国大学生在校人数达到3700万人,目前,近七成高校学生有网购经历(2016,陈春茶),全国大学生年均网购额度为1100元,人均每年收到16.2个包裹,总价值达到了400亿元,而且这个数据还在持续地增长,由此可见,大学生在网购需求和购买力方面俨然已经成为不折不扣的生力军。因此,研究高校快递末端配送模式及其服务质量问题,进而提出改善末端配送的创新性方案,对进一步促进电商企业和快递业发展有重要意义。本章将从物流服务质量的角度,通过问卷调查和访谈形式搜集与末端配送创新模式的服务质量相关的资料数据,并使用SPSS统计软件对数据进行统计分析,呈现校园末端配送服务现状并得出存在的问题,进而提出优化校园末端配送创新模式的方案和建议。

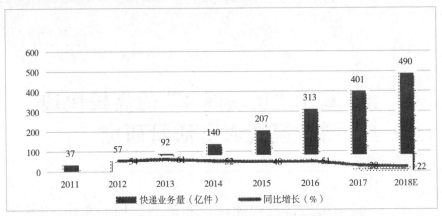

图 8-1　2011—2018 年中国快递业务量趋势图

资料来源：国家统计局前瞻产业研究院整理

8.1　高校快递末端配送模式现状分析

8.1.1 高校快递末端配送模式简介

据调查，目前高校末端配送模式主要有四种。

1. 开放门店式

高校快递代理的聚集点包括四通一达等众多快递公司，每当各公司的配送车辆将包裹送达后，收发室的工作人员就将快递编号摆放到货架上，然后将手机号码输入系统，系统自动发送取件短信，等取件人收取短信后再到西区快递点，凭身份信息和包裹信息取件。此模式是经院最普遍的末端配送模式，人工取件的效率不高，每逢网购高峰期，取快递的人数增加，就会排起长队。

2. 摆摊等候式

唯品会、聚美优品等公司的快递员将包裹配送至学校后，短信通知收件人，在固定地点、固定时间段等候收件人取件，这种配送模式有时间限制，有时会造成包裹已经到达而取件人没有时间领取的情况发生。

3. 超市代取式

摆摊等候的取件方式有时间的限制,若取件人在时限范围内不能取件,快递员就将包裹寄存在附近的超市,取件人取包裹时向超市支付一定的费用。

4. 人工付费配送式

由于高校的包裹众多,取件地点相对较远,由此形成了高校配送最后 100 米的专项服务。取件人将包裹信息发送给专职配送人员,并支付一定费用,配送人员根据收到的包裹信息统一取件,然后再一一配送至取件人的手中。

8.1.2 湖北经济学院快递末端配送创新模式分析

本章的调查数据主要来源是湖北经济学院。湖北经济学院现有在校本科生研究生近 1.6 万人,周边有大量的高校,在快递配送方面极具代表性。湖北经济学院快递企业的末端配送模式有菜鸟驿站自提模式(四通一达)、京东自营店模式以及校门口的摆地摊模式(唯品会、聚美优品等)。但由于湖北经济学院整体规划分为东西两区,东西区距离比较远,而校园快递自提点位于西区学生服务中心,从而导致在极端天气或其他特殊情况下东区学生自行取件极大的不便。由此,湖北经济学院出现了快递末端配送的创新模式:他人代取和众包 APP 下单。湖北经济学院快递末端配送创新模式及流程如图 8-2 所示。他人代取模式即为收到快递公司短信后,将短信里的提货码、姓名和手机尾号等信息发送给快递代取商,快递代取商收取一定费用并将其快递送至指定地点,这类商家有"快递老爷爷""锦程速递"等。众包 APP 模式即为用户在相关 APP 上填写信息并付费下单,快递代取商接单后将快递取至门店,用户前往东区门店自行提取,这类商家有湖经大师兄等。

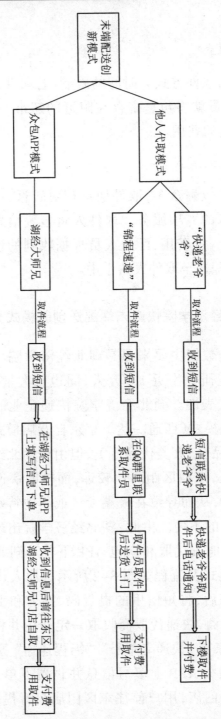

图 8-2　湖北经济学院快递末端配送创新模式及流程

1."快递老爷爷"模式

"校园快递车"出现于2014年,目前为止,有两家校园快递车在运营,一个是"快递老爷爷",一个是"快递阿姨",他们都是私人运营,主营业务是快递服务,包括代取快递、代寄快递、代退快递等,成为学校里东区学生获取"最后一公里"快递服务的一个主要途径。

(1)运作流程

学生在需要校园快递服务时(如代取快递业务),编辑短信(包含取货码、姓名、宿舍楼)到经营人手机,经营人将快递从西区取货后打电话通知该学生去宿舍楼下取快递。此模式建立在学生与快递车经营人相互信任的基础之上,并且需要快递车经营人与快递服务点(菜鸟驿站、京东快递门店)双方达成协议,彼此支持。

(2)收费标准

普通件:2元/个;

大件:3元/个;

超大件:4～6元不等。

(3)取件地点

桔苑宿舍五楼下(主要)、学生宿舍楼下(不忙碌情况下)。

(4)取件时间

比较灵活,一天5～6趟,时间主要集中在进餐时间(此时东区学生几乎都会从桔五路过)及上午、下午、晚上的课间时间。

(5)运营优势

取件地点相对西区很方便,时间比较灵活;

操作简单,避免了APP的复杂操作;

比较实惠,尤其是大件、超大件包裹,学生们十分愿意交给"校园快递车"代取;

"校园快递车"经营人的服务态度一般很好,可以收获到固定客源;

"校园快递车"经营人时间充足,经验丰富,并且与门店达成协议,无需排队取件,节约时间。

（6）存在的问题

配送并没有全程对接,时间上并非完全由客户决定,存在一定的不可控因素;

安全问题完全基于信任机制,没有一定的保证,"校园快递车"经营人操作并无规范性;

相对专业团队取件费用较贵,学生可能考虑到费用问题而选择其他方式或自取,造成客源流失;

大快递收费标准不明,收费可能受到争议,引起客户的不满情绪;

无反馈机制,不利于"校园快递车"经营过程中不断改进和发展;

规模小,私人经营,操作过程不够规范,容易引起客户担忧。

2. 锦程速递

该团队组建于2017年11月份,团队总负责人为金融工程2017级学生。仅靠一个月的时间就具备规模,有员工大约80人,顾客群有将近900人。锦程速递是学生自己按照想法建立的代取快递团队。该团队中各部门设立组长,每组组长带成员工作,解决自己组内管理问题。

（1）组织架构

锦程速递的组织结构图如图8-3所示。

（2）运营模式

快递业务:团队负责人建有一个QQ群,依靠QQ群为平台工作,群内工作人员会有自己负责的业务的头衔和备注,如"中通取件组组长XXX",需要取件的同学在群里问一声,就会有员工私聊需要取件的同学,其他信息的对接都是靠两人私聊来完成,可以选择送到楼下或送货上门。除了取快递之外,群内还有多种业务,如送外卖、洗衣、驾校等,经过负责人认证的都会给予一个头衔表示身份可信。

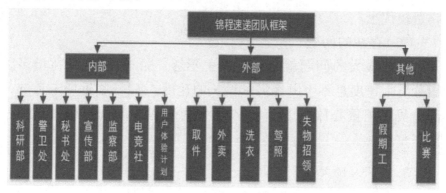

图 8-3　锦程速递的组织结构图

（3）员工招募及制度

管理层的同学都是负责人前期认识的可靠的熟人,员工层的同学的招募是负责人亲自约谈,通过一餐饭的时间了解、面试,来确定是否招募此同学。招募进来的同学需要报备姓名、班级、电话、学生卡正反面照片,以方便后期管理。

建有专门的员工制度,包括服务态度、日常学习、每月读书分享等,各部门各司其职。

（4）取件价格

小包:1元/个;

中包:2元/个;

大包:3元/个;

另外:1~3楼免费送货上门,4~6楼在原价的基础上加收1元。

（5）运营优势

送货速度快。由于该团队有70几名员工,所以基本上时时刻刻都有员工能去取快递,满足顾客时效上的需求。

送货时间自选。送货时间由顾客自己确定或者双方协议确定,时间的确定能给顾客带来很大的方便。

支持送货上门。送货上门服务是该团队独有的,也十分切合同学们的服务要求,收到极大好评。

价格优惠。相比于校园内其他代取快递业务的收费,该团队收费较优惠。

(6)存在的问题

目前最大的问题就是员工人手不够。第一,顾客日益增多,招募员工速度赶不上顾客需求增长的速度。第二,临近期末考试,部分员工把重心放在了学习上,不愿意花过多时间来赚钱,导致工作懈怠。

3. 湖经大师兄

湖经大师兄组建于 2015 年 11 月 11 日,坚持第三方服务平台为核心定位,以校园包裹递送为契机,拓展细化干洗代收、宽带办理、第三方驾校报考平台、周黑鸭授权代售服务等业务。该团队设立了物流部(主要负责取寄快递、摆放快递)、宣传部(负责微信公众号平台及湖经大师兄 APP 后台管理、活动宣传策划)、客服部(QQ 客服和微信客服,致力于解答疑问和线上宣传),部门分工合理、各司其职,运营流程都有明确规划。

(1)运作流程

在研究中发现,它有固定的下单和取件时间,由学生上传取件信息到 APP 平台,再由团队成员接单后批量取件,与学生线上线下联系后,在指定时间到达门店自取。

(2)收费标准

关于寄取件收费问题,小件绝对免费,大件收取 1 ~ 3 元,另外对于当日未取隔夜取件的包裹收取 1 元仓储费。寄件当日 18∶30 发往目的地,现场填单称重结算,收取费用按收货地区划分有统一标准。

(3)运营优势

寄取件有固定时间段,对于团队成员和受众群都易操作;

收费标准也在可接受的合理范围;

在学期内会有活动摆点宣传,借此扩大团队影响力;

有自有门店,入驻智慧园孵化器,有创业资金扶持,有指导老

师和专业团队;

该团队招收队员有正规的面试录入等形式,在一定程度上保证了团队的专业性;

会定期发放匿名调查问卷,征收受众群对于该团队的服务意见和建议,能借此机会进行团队整合,提升客户满意度。

(4)存在的问题

它的门店开在东区服务中心,受众群也相对减少,宣传力度不够,很多同学都不知道有该团队的存在;

对于线上下单方式,部分在校大学生会觉得要一次性输入个人信息、取件时间等,操作麻烦,为了节省时间和自身信息安全,更愿意去西区菜鸟驿站自取;

在取件时,上报自己的尾号和快递名,不排除报错号码错拿快递等问题的存在,这会给取件学生和该团队带来不必要的麻烦;

对于寄取件的包裹大小衡量标准不定,是由人工判别,可能存在争议;

在校内存在其他与湖经大师兄平行收费或免费寄取件的包裹递送形式,会导致同质化竞争出现的低盈利率;

由于团队成员均是在校大学生,可能存在部分时间部分业务不能顺利进行,如考试周等特殊时期,会流失部分客户和服务利润。

由于这两种创新的末端配送模式出现的时间较短,在实际应用过程中还有很多待解决的问题。通过访谈,本章得出湖北经济学院快递末端配送创新模式的优劣势,如表8-1所示。为搜集与末端配送创新模式的服务质量相关的资料数据,本章主要通过问卷调查和访谈的形式获得一手资料。

表8-1　湖北经济学院末端配送创新模式比较分析表

末端配送创新模式	优势	劣势
他人代取模式	①商家可将快递送至楼下或者送货上门	①商品出现问题责任不分明 ②安全性低 ③需要付费

续表

末端配送创新模式	优势	劣势
众包 APP 模式	①商家可将快递送至固定取件处或指定地点 ②收费较低	①下单过程复杂 ②商品出现问题责任不分明

8.2　数据来源

　　本章研究数据主要来源于问卷调查,调查分为两个阶段:第一阶段,进行小范围的发放并进行问卷预测试与修正,检验问卷的信度和效度,优化形成最终问卷;第二阶段,进行大规模问卷发放和收集。在此过程中,问卷样本数据来源于湖北经济学院在校生(大一至大四),他们都具有丰富的网购经历。本章问卷研究通过中国著名的问卷调查平台——问卷星创建调查问卷并通过QQ、微信等聊天平台发放收集,共收集 290 份问卷。其中,将问卷回答超过 6 题且时间低于 55 秒的问卷视为无效问卷,进行初步筛选后,得到有效问卷 277 份,且有 162 份问卷填写者使用过高校快递服务。

　　结合本校在校生使用快递服务的切身体会,本章将问卷设计的问题与现实无限贴合。为更充分直观地了解到消费者实际感受到的服务等级,问卷采用的是李克特七级量表。在前期小范围问卷测试和修正过程中,对于问卷的结构设计,本章采用描述性分析与量表设计相结合的方式,设计了 16 道题目,在小范围发放后,经过专家建议和查阅文献,本章进行问卷优化,并根据问题的层次性进行排版,得出只有 9 道题目的最终问卷,并确定了影响高校快递末端配送创新模式服务质量的维度与指标,如表 8-2所示。

表8-2　高校快递末端配送服务质量测量

维度		指标
校园末端配送服务质量	成本收费质量	收件收费合理
		上门服务的收费合理
	服务时间质量	订单响应速度快
		配送包裹及时
		按时送达目的地
	包裹交付质量	送货对象准确
		配送包装完好无损
		配送商品完好无损
	人员、信息沟通质量	快递服务态度好
		信息沟通交互性强
		送货人员对顾客的请求回应迅速
		下单方便
	配送便利质量	签收时间、地点灵活方便
		送货方式多样

8.3　问卷分析与实证结果

8.3.1 描述性分析

根据问卷调查的结果,调查对象统计描述如表8-3所示。由表8-3可知,问卷填写的对象多为女生,占总人数比重61.73%,而男生仅占比38.27%,这与本校男女比例基本吻合。调查问卷填写对象多为大一年级,占比42.24%,网购比例由大一至大四逐批减少。在填写过程中发现,大学生月均使用快递的频次多为3~5次,占比49.1%,说明大学生网购意愿强烈。在湖北经济学院出现的校园快递服务形式中,最为学生熟知的是快递老爷爷或快递阿姨,服务时间地点灵活,占比90.97%;其次是有自营门店的湖经大师兄,占比 88.09%,说明其宣传力度和影响是到位的。对于上述快递服务形式,听说过甚至使用过的人数占比 57.76%,未使用过的人数占比 42.24%,这些数据表明本校快递服务形式的宣传和服务内容、态度有待完善。

表 8-3 问卷调查对象统计描述

题项	选项	人数	百分比
性别	男	106	38.27%
	女	171	61.73%
年级	大一	117	42.24%
	大二	77	27.80%
	大三	66	23.83%
	大四	17	6.14%
月均快递使用	0～2次	105	37.91%
	3～5次	136	49.10%
	6～8次	23	8.30%
	9次及以上	13	4.69%
了解的校园快递服务（多选）	湖经大师兄	244	88.09%
	快递老爷爷或快递阿姨	252	90.97%
	锦程速递	40	14.44%
	其他	33	11.91%
是否使用过校园快递服务	是	160	57.76%
	否	117	42.24%
不使用校园快递服务最重要的原因	不用付费	79	67.52%
	快递点很近	45	38.46%
	时间灵活	95	81.20%
	包裹安全度高	44	37.61%
	个人信息安全	46	39.32%
	不知道上述校园快递服务	14	11.97%
	其他	28	23.93%

续表

题项	选项	人数	百分比
使用校园快递服务最重要的原因	没有时间取快递	149	93.13%
	距快递点远	143	89.38%
	价格合理	76	47.50%
	可以送货上门	95	59.38%
	送货人员可信度高	37	23.13%
	收寄件准时	25	15.63%
	极端天气情况	115	71.88%

调查表明,在不使用校园快递的原因中,时间灵活是学生的首要考虑因素,占比81.2%,其次是不用付费,占比67.52%,迎合了学生的消费心理。对于愿意使用校园快递的学生来说,没有时间取快递和距离取快递点远是首要考量因素,分别占比93.13%、89.38%,由于上课时间限制和校园区域规划问题,会在一定程度上影响在校生使用校园快递服务。经过走访调查,该问卷得出的结论具有一定的代表性,能够反映出本校实际的校园快递服务情况。

8.3.2 信度与效度检验

根据收回的有效问卷,首先进行信度分析,采用Cronbach's Alpha值衡量问卷信度,如表8-4所示。

表8-4　高校末端配送服务质量信度分析

一级指标	维度	指标	校正的项总计相关性	项已删除的Cronbach's Alpha值	分量表的Alpha值	总量表的Alpha值
校园末端配送服务质量	成本	收件收费合理	0.783	0.982	0.937	0.981
		上门服务的收费合理	0.874	0.980		
	时间	订单响应速度快	0.882	0.980	0.954	
		配送包裹及时	0.874	0.980		
		按时送达目的地	0.894	0.980		

续表

一级指标	维度	指标	校正的项总计相关性	项已删除的Cronbach's Alpha 值	分量表的 Alpha 值	总量表的 Alpha 值
校园末端配送服务质量	包裹交付状态	送货对象准确	0.876	0.980	0.962	
		配送包装完好无损	0.891	0.980		
		配送商品完好无损	0.894	0.980		
	人员、信息沟通	快递服务态度好	0.918	0.979	0.968	
		信息沟通交互性强	0.892	0.980		
		送货人员对顾客的请求回应迅速	0.914	0.979		
		发出订单方便快捷	0.919	0.979		
	配送便利性	签收时间、地点灵活方便	0.859	0.980	0.928	
		送货方式多样	0.859	0.980		

由表可知,校园末端配送服务质量的成本收费质量、服务时间质量、包裹交付质量、人员沟通质量、配送便利质量的Cronbach's Alpha 值均在 0.90 以上,且校园末端配送服务质量整体的 Cronbach's Alpha 值为 0.981,所以整个问卷的 Cronbach's Alpha 值均在 0.90 以上,因此说明这份问卷的一致性较好。

然后通过验证性因子分析,进一步对高校末端配送服务质量进行效度分析,如表 8–5 所示。由分析结果得到测量指标的因子载荷都大于 0.50,并且各指标内部之间都有较大的因子载荷,服务质量的结构效度较好。通过观察各因子与各自所属成分之间的关系,可以验证之前假设的维度与指标的划分是正确的。

表 8–5　高校末端配送服务质量因子分析载荷矩阵

指标	成分				
	1	2	3	4	5
收件收费合理				0.995	
上门服务的收费合理				0.667	
订单响应速度快		0.693			
配送包裹及时		0.826			
按时送达目的地		0.637			

指标	成分				
	1	2	3	4	5
送货对象准确	0.578				
配送包装完好无损	0.673				
配送商品完好无损	0.721				
快递服务态度好			0.511		
信息沟通交互性强			0.874		
送货人员对顾客的请求 回应迅速			0.759		
发出订单方便快捷			0.488		
签收时间、地点灵活方便					0.886
送货方式多样					1.012

8.3.3 相关性分析与主成分分析

1. 相关性分析

通过分析 KMO 和 Bartlett 的检验,检验各维度各个变量的相关性,如表 8-6 所示。可以看到 KMO 统计量为 0.948,且 Bartlett's 球形检验拒绝原假设,则整体变量之间的相关性较强。

表 8-6 KMO 和 Bartlett 的检验表

取样足够度的 Kaiser-Meyer-Olkin 度量		0.948
Bartlett 的球形度检验	近似卡方	3408.319
	df	91
	Sig.	0.000

各变量之间的相关性矩阵如表 8-7 所示。通过观察各变量之间相关性矩阵,整体变量间的相关性均在 0.60 以上,说明校园末端配送服务质量各变量之间存在显著的相关性。

2. 主成分分析

如图 8-4,通过主成分分析,本章选择的五个因子的累计贡献率达到 93.2%，远大于通常 85% 的标准，所以我们的因子选取基本可以解释整体的信息。然后通过分析，可以得到各个指标在各自维度下的得分系数，并且得到校园末端配送服务质量的综合得分公式：

末端配送服务质量综合得分 = 17.35%* 成本收费质量 +19.58%* 服务时间质量 +22.79%* 包裹交付质量 +17.60%* 人员沟通质量 +15.89%* 配送便利质量

通过对校园末端配送服务质量的主成分分析发现，各个维度中包裹交付质量对整体的校园末端配送服务质量的影响最大，达到了 22.79%。另外，在各指标中，配送收费是否合理、配送模式是否多样得分较高，说明大学生对于校园末端配送服务质量中的收费情况和配送便利十分关注。

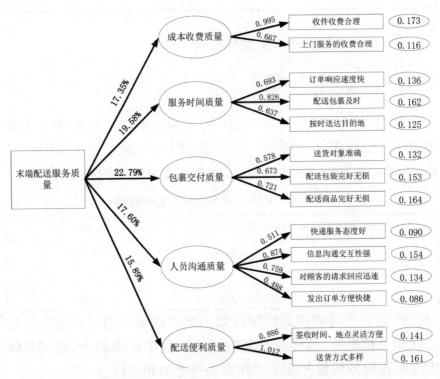

图 8-4　末端配送服务质量各变量得分系数与各维度所占比例

表 8-7 各变量之间相关性矩阵

	收件收费合理	上门服务的收费合理	订单响应速度快	配送包裹及时	按时送达目的地	送货对象准确	配送包装完好无损	配送商品完好无损	快递服务态度好	信息沟通交互性强	对顾客的请求回应迅速	发出订单方便快捷	签收时间、地点方式多样	送货方式多样
收件收费合理	1													
上门服务的收费合理	0.887	1												
订单响应速度快	0.725	0.816	1											
配送包裹及时	0.707	0.783	0.885	1										
按时送达目的地	0.723	0.828	0.858	0.883	1									
送货对象准确	0.689	0.785	0.765	0.749	0.769	1								
配送包装完好无损	0.659	0.752	0.782	0.76	0.802	0.856	1							
配送商品完好无损	0.671	0.768	0.777	0.773	0.811	0.874	0.954	1						
快递服务态度好	0.736	0.776	0.792	0.805	0.828	0.833	0.875	0.872	1					
信息沟通交互性强	0.683	0.767	0.774	0.762	0.767	0.782	0.813	0.788	0.869	1				
对顾客的请求回应迅速	0.716	0.808	0.82	0.794	0.817	0.796	0.813	0.805	0.879	0.901	1			
发出订单方便快捷	0.737	0.809	0.789	0.786	0.823	0.814	0.808	0.805	0.88	0.885	0.889	1		
签收时间、地点灵活方便	0.617	0.71	0.749	0.751	0.731	0.772	0.783	0.794	0.791	0.823	0.804	0.834	1	
送货方式多样	0.667	0.743	0.77	0.775	0.788	0.76	0.741	0.746	0.759	0.788	0.796	0.835	0.87	1

下面从它们的重要程度依次分析其对末端配送服务质量具有显著正向影响的原因:第一,包裹交付质量。在校生的网购服务体验在一定程度上与所收到包裹的准确、整洁的外观包装、商品的完好无损有关,也印证了"第一印象效应"的合理性。顾客对自身所购买的商品具有早点收货的迫切性,收到错误的包裹、破损的包装或商品会产生负面情绪,因此包裹交付质量的提升是提高末端配送服务质量的首要途径。第二,服务时间质量。由于快递末端配送的高效完成要求高速高质,对于一个企业来讲,时间就是金钱,是创造利润的基础。对于在校生来讲,考虑到上课时间冲突、距快递点远等因素,期望订单响应更高效、配送包裹更及时,因此提高服务时间质量是重中之重。第三,人员沟通质量。高校末端配送是以包裹为运输对象,以在校生为服务对象的快递服务,最终的服务体验评价也是由在校生给出,末端快递配送服务环节的工作人员在极大程度上影响着在校生的服务体验,因此高校快递必须高度重视配送人员的自身素质提升。第四,成本收费质量。因为对于在校生来说,经济能力有限,期望感知的收件收费、上门服务必然是有价可循的。对于末端配送服务这一终端环节,各大快递公司遵循行业标准,重视成本收费管理,也可以为提高末端配送服务质量助攻。第五,配送便利质量。由于湖北经济学院整体划分为东西区,且两区距离较远,完善的快递服务点建设、优化的取货寄件路线会提升顾客的服务体验。设立有弹性的签收时间、地点,丰富送货方式,能在一定程度上提高配送便利质量,从而实现服务价值。

8.4 提升高校快递末端配送创新模式服务质量的建议

根据实地走访和问卷分析,为了完善高校末端配送服务质量及其优化研究,提出以下几点建议。

1. 建立包裹交付任务奖惩机制

根据湖北经济学院实际客观情况,设立统一的包裹交付人员奖惩机制。为了提高在校生的网络消费体验,必须以良好的服务态度对待每一位消费者。对于设有专门门店的快递服务站点,可以进行奖惩机制考核,对高效准确完成快递发放配送任务的工作人员进行奖励,对损坏甚至遗失消费者包裹的工作人员进行惩罚赔偿。必须建立完善系统有效的奖惩机制,提高高校快递末端配送服务的规范化、高质高量化程度。

2. 建立末端配送服务质量测量体系

不论是课业任务繁重的学生,还是身负教学压力的老师,处在高校的校园环境中,高效高质高量是每个人期望达到的服务标准。对于末端配送服务,缩短服务时间、提高服务体验是极为重要的。建立一套符合实际的末端配送服务质量测量体系,使消费者的个性化需求及时得到响应,快速准确收到包裹,减少等待时间,优化服务体验,从而促进高校快递末端配送服务质量的提升。

3. 对快递工作人员定期培训

根据高校实际情况,建立有特色有效益的培训考核制度,定期培训,以提高人员工作素质,使他们与消费者接触时保持乐观心态、语气谦和,减少与消费者的矛盾与摩擦。在有条件的情况下统一人员着装,保持衣着整洁,在工作时一致按流程操作,尽己所能快速准确高效地为消费者服务,进而提升高校快递末端配送服务质量。

4. 完善末端配送收费标准

不同的行业有不同的行业规范和作业标准,作为"新经济"的代表,物流行业自然有其独特的行业规范。对于末端配送服务这一终端环节,小到门店、大到企业都必须遵守行业准则,所支付的物流费用都应有章可循。尤其是高校校园,学生经济实力不强,在一定可行的程度上微调收费标准,使其更加合理化,也能在一定程度上提高高校快递末端配送服务质量。

5. 注重配送服务的创新

在现有校园末端配送服务模式的基础上,进行签收地点、配送方式的创新。充分利用高校闲散空间和人员资源,提高配送服务的便利性,根据消费者服务需求的多样性、个性化,提高末端配送服务的"弹性",以"顾客是上帝"的服务标准,满足其个性化需求,并对配送方式等多个变量进行可行性质量提升,进而提高高校快递末端配送服务质量。

8.5 本章小结

高校校园是一个人口高度集中的环境,因此,快递"最后一公里"的时效性、成本、安全性等成为大家特别关注的问题。在物流作业的环节中,对于网络购物的主力军——在校大学生来说,末端配送环节是最贴近消费者也较为引人关注的一环。因而,研究校园末端配送的服务质量及其优化问题成为时下热点的研究方向。本章站在消费者的立场,通过实地调查和相关数据分析,得出成本收费质量、服务时间质量、包裹交付质量、人员、信息沟通质量、配送便利质量对末端配送服务质量均具有显著正向影响。

9　总结与研究展望

9.1　总结

随着"互联网+"与各行各业的深度融合及制造和服务的全球化,企业更加关注各种因素对其所处供应链的影响作用。物流客户服务不仅会对其客户企业产生影响,而且会对客户企业所处供应链产生全方位的影响。因此,本书提出在"互联网+"背景下从供应链视角研究物流客户服务绩效评价问题、物流客户服务与客户忠诚度之间的关系问题,并选择了高校快递末端配送两个不同的物流服务领域进行了较为深入的研究。这些研究成果对于促进物流客户服务水平及供应链整体绩效水平具有一定的理论和现实意义。本书主要创新性研究工作及其研究结论总结如下。

（1）提出了基于供应链视角的物流客户服务绩效评价方法。本书结合物流客户服务的特性及物流客户服务绩效评价应遵循的原则,在对学者们提出的各类绩效评价方法进行比较分析的基础上,提出了供应链视角下物流客户服务绩效评价的方法:采用问卷调查和德尔菲法确定评价指标,应用模糊层次分析法确定评价指标的权重。

（2）构建了基于供应链视角的物流客户服务绩效评价指标体系。由于对企业物流客户服务绩效的评价应综合考虑多方利益,本书提出从供应链视角评价物流客户服务绩效问题,并给出供应链整体绩效最优的物流客户服务绩效评价指标体系,包括3个一级指标,分别是时间、成本和质量;9个二级指标:时间指标中的订单完成周期时间、订单完成周期时间的一致性、物流服务响应时间,成本指标中的供应链物流总成本、供应链物流成本收益比率、成本分摊,质量指标中的可靠性、柔性、完美订单满足率。指标体系中的订单完成周期时间、成本分摊、完美订单满足率等指标更能体现供应链整体性特点。

（3）设计了供应链视角下物流客户服务绩效评价流程与控制系统。根据PDCA管理理论,本书设计了供应链视角下物流客户服务绩效评价流程,基于流程提出了针对每个环节的控制措施,包括制定绩效评价方案控制、实施绩效评价方案的控制、检查绩效评价结果的控制、绩效评价系统持续改进控制。

（4）根据建立的基于供应链视角的绩效评价指标体系,提出了相应的绩效提升对策。对物流客户服务绩效进行评价的最终目的是找出影响服务绩效的因素,并提出相应的提升策略。本书在确定物流客户服务绩效评价指标体系过程中,得出时间、成本和质量是影响供应链视角下物流客户服务绩效的关键指标,针对当今物流客户服务存在的不足,本书重点从时间、成本和质量三个方面分别提出相应的绩效提升策略。最后,得出了一系列提升物流服务水平的策略建议。

（5）对物流客户服务与客户忠诚度关系进行了研究。本书以期望确认理论和服务质量（SERVQUAL）模型为基础,构建了物流服务与物流客户忠诚度之间的关系模型,并使用结构方程模型进行实证验证。研究结果表明:物流客户在物流服务发生前的服务期望与其对于物流服务的确认是负相关关系,而物流客户在物流服务发生后的服务感知会正向影响其对物流服务的确认,进而正向影响物流客户满意度,并最终对物流客户的忠诚度产生正向影响。

（6）对"互联网+"背景下的物流配送客户服务质量进行了

实证研究。运用主成分分析和 SPSS 统计分析等方法,根据 277
份调研数据,研究了高校末端配送创新模式服务质量的影响因
素,提取出成本收费质量、服务时间质量、包裹交付质量、人员沟
通质量、配送便利质量 5 个维度,实证研究发现这 5 个维度呈显
著正相关关系。

9.2　研究展望

"互联网 +"是近几年较新较热的研究领域,在这个背景下如
何提升物流客户服务水平,使物流发挥更大的作用是值得研究的
话题。目前鲜见从供应链视角来研究物流客户服务绩效评价、物
流客户服务和客户忠诚度的关系等问题,本书虽然对此进行了有
益的探讨,并取得了一定的研究成果,但仍有很多方面有待进一
步研究和充实,主要包括:

（1）拓展评价方法对供应链视角下物流客户服务绩效评价
指标体系的建立进行研究。目前越来越多的学者采用结构方程
模型来研究供应链物流的相关问题,因而可否用结构方程模型对
供应链视角下物流客户服务绩效评价指标进行深入研究,是进一
步研究的方向。

（2）寻找实例对所设计的供应链视角下物流客户服务绩效
评价指标进行检验和完善。在现实中越来越多的企业加入供应
链中,也有越来越多的大企业成为供应链中的核心企业,可以寻
找供应链的控制者作为研究对象,将所设计的指标体系应用到实
际中,检验其实用性和可操作性。

（3）从理论上定量研究各绩效评价指标对供应链视角下物
流客户服务绩效的影响作用。已提出的绩效评价指标只是给出
了对绩效的影响,但各级指标之间的相关性到底有多大? 包括二
级指标对绩效影响有多大? 这些都值得进一步研究。

（4）可以考虑将系统动力学、博弈论、粗糙集等方法应用于供应链视角下物流客户服务绩效的控制及提升策略中,对其进行定量研究。

参考文献

[1]Anderson, E. W., Sullivan, M. W.. The antecedents and consequences of customer satisfaction for firms[J]. Management Science, 1993, 12（02）: 125-143.

[2]Arnold, U.. New dimensions of outsourcing: a combination of transaction cost economics and the core competencies concept[J]. European Journal of Purchasing & Supply Management, 2000, 6（01）: 23-29.

[3]Arntzen, B. C., Brown, G. G., Harrison, T. P.. Global supply chain management at digital equipment corporation[J]. Interfaces, 1995, 25: 69-93.

[4]Anthony, R., Cornelia, D.. An integrated benchmarking approach to distribution center performance using DEA modeling[J]. Journal of Operations Management, 2002, 20（01）: 19-32.

[5]Aramyan, L. H., Lansink, A. G. J. M., Vorst, J. G. A. J., Kooten, O.. Performance measurement in agri-food supply chains: a case study[J]. Supply Chain Management: An International Journal, 2007, 12（4）: 304-315.

[6]Ballou, H. R.. Business Logistics Management [M]. Prenitice Hall, 1992.

[7]Bao, L., Huang, Y., Ma, Z., et al. On the supply chain management supported by E-commerce service platform for agreement based circulation of fruits and vegetables[J]. Physics

Procedia, 2012, 33（1）: 1957–1963.

[8]Barad, M., Sapir, D. E.. Flexibility in logistic systems– modeling and performance evaluation [J]. International Journal of Production Economics, 2003, 85: 155–170.

[9]Bazire, M., Brezillon, P.. Understanding context before using it [J]. Modeling and Using Context, 2005: 29–40.

[10]Beamon, B. M.. Supple chain design and analysis: model and methods[J]. International Journal of Production Economics, 1998, 55（03）: 281–294.

[11]Beamon, B. M.. Measuring pupply chain performance[J]. International Journal of Operations & Production Management, 1999, 19（03）: 275–292.

[12]Bechtel, C., Jayaram, J.. Supply chain management–A strategic perspective[J]. International Journal of Logistics Management, 1997, 8（01）: 15–34.

[13]Bhagwat, R., Sharma, M. K.. Performance measurement of supply chain management: A balanced scorecard approach[J]. Computers & Industrial Engineering, 2007, 53（1）: 43–62.

[14]Bhattacherjee, A. Understanding information systems continuance: An expectation– confirmation model[J]. MIS Quarterly, 2001, 25（3）: 351–370.

[15]Boender, Graan, Lootsma. Multi–criteria decision analysis with fuzzy pairwise comparisons[J]. Fuzzy Sets and Systems, 1989, 29（2）: 133–143.

[16]Bolton, R. N., Lemon, K. N.. A dynamic model of customers usage of services: Usage as an antecedent and consequence of satisfaction[J]. Journal of Marketing Research, 1999, 36（2）: 171–186.

[17]Bozarth, C. C., Warsing, D. P., Flynn, B. B., et al.

The impact of supply chain complexity on manufacturing plant performance[J]. Journal of Operations Management, 2009, 27（1）: 78–93.

[18]Brewer, P. C., Speh, T. W.. Using the balanced scorecard to measure supply chain performance[J]. Journal of Business Logistics, 2000, 21（1）: 75–93.

[19]Briggs, E., Landry, T. D., Daugherty P J. Investigating the influence of velocity performance on satisfaction with third party logistics service[J]. Industrial Marketing Management, 2010, 39（4）: 640–649.

[20]Buckley, J. J.. Fuzzy hierarchical analysis[J]. Fuzzy Sets and Systems, 1985, 17: 233–247.

[21]Cai, J., Liu, X. D., Xiao, Z. H., Liu, J.. Improving supply chain performance management A systematic approach to analyzing iterative KPI accomplishment[J]. Decision Support Systems, 2009, 46（2）: 512–521.

[22]Cagnazzo, L., Taticchi, P., Brun, A.. The role of performance measurement systems to supportquality improvement initiatives at supply chainlevel[J]. International Journal of Productivity and Performance Management, 2010, 2（59）: 163–185.

[23]Charnes, A., Cooper, W. W., Seiford, L., Stutz, J.. A multiplicative model for efficiency analysis [J]. Socio–Economic Planning Sciences, 1982, 16（05）: 223–224.

[24]Chan, F. T. S.. Performance measurement in a supply chain[J]. International Journal of Advanced Manufacturing Technology, 2003, 21（07）: 534–548.

[25]Chan, F. T. S., Kumar, N., Tiwari, M. K., et al. Global supplier selection: a fuzzy–AHP approach [J]. International Journal of Production Research, 2008, 46（14）: 3825–3857.

[26]Chan, F. T. S., Zhang, M. T.. The impact of collaborative transportation management on supply chain performance: A simulation approach [J]. Expert Systems with Applications, 2011, 38（03）: 2319-2329.

[27]Chang, D.Y.. Extent analysis and synthetic decision [J]. Optimization Techniques and Applications, 1992（01）: 352-360.

[28]Chang, D.Y.. Applications of the extent analysis method on fuzzy AHP [J]. European Journal of Operational Research, 1996, 95（03）: 649-655.

[29]Chang, J. I., Liang, C. L.. Performance evaluation of process safety management systems of paint manufacturing facilities[J]. Journal of Loss Prevention in the Process Industries, 2009, 22（04）: 398-402.

[30]Chari, M. D. R., Devaraj, S., David, P.. The impact of information technology investments and diversification strategies on firm performance[J]. Management Science, 2008, 54（01）: 224-234.

[31]Charnes, A., Cooper, W. W. Rhodes, E.. Measuring the efficiency of decision making units[J]. European Journal of Operational Research, 1978, 2（06）: 429 - 444.

[32]Chen, C., Yan, H.. Network DEA model for supply chain performance evaluation [J]. European Journal of Operational Research, 2011, 213（01）: 147-155.

[33]Chen, M., Deng, J. H., Zhou, F. D., et al. Improving the management of anemia in hemodialysis patients by implementing the continuous quality improvement program[J]. Blood Purification, 2006, 24（02）: 282-286.

[34]Chen, Y. C.. An application of fuzzy set theory to the external performance evaluation of distribution centers in

logistics[J]. Soft Computing, 2002, 6（01）: 64-70.

[35]Chia Lin Hus, Chang Kuo chien, Mu Chen Chen. The impact of website quality on customer satisfaction and purchase intention: perceived playfulness and perceived flow as mediators[J]. Information Systems E-Business Management, 2012, 10（04）: 549-570.

[36]Chin, W. W., Marcolin, B. L., Newsted, P. R.. A partial least squares latent variable modeling approach for measuring interaction effects: Results from a Monte Carlo simulation study and an electronic mail adoption study[J]. Information Systems Research, 2003, 14（02）: 189-217.

[37]Cho, J. K., Ozment, J., Sink, H.. Logistics capability, logistics outsourcing and firm performance in an e-commerce market[J]. International Journal of Physical Distribution & Logistics Management, 2008, 38（05）: 336-359.

[38]Churchill, G. A., Surprenant, C.. An investigation into the determinants of customer satisfaction[J]. Journal of Marketing Research, 1982, 19（04）: 491-504.

[39]Cohen, M. A., Lee, H. L.. Strategic analysis of integrated production-distributed systems: models and methods[J]. Operations Research, 1988, 36（02）: 216-228.

[40]Cohen, S., Roussel, J.. Strategic Supply Chain Management: the Five Disciplines for Top Performance [M]. McGraw-Hill, 2004.

[41]Cooper, M., Lambert, D., Pagh, J.. Supply chain management: more than a new name for logistics[J]. The International Journal of Logistics Management, 1997, 8（01）: 1-14.

[42]Culliane, K., Wang, T. F., Song, D.W., Ji, P.. The technical efficiency of container ports: Comparing data

envelopment analysis and stochastic frontier analysis[J]. Transportation Research Part A, 2006, 40（04）: 354-374.

[43]Deming, W. E.. The new economics: for industry, government, education[M]. Cambridge, MA: MIT, Center for Advanced Educational Services, 1994.

[44]Degraeve, Z.. An Evaluation of vendor selection models from a total cost of ownership perspective european [J]. European Journal of Operational Research, 2002（12）: 34-58.

[45]Disney, S. M., Naim, M. M., Potter, A.. Assessing the impact of e-business on supply chain dynamics[J]. International Journal of Production Economics, 2004, 89: 109-118.

[46]Drake, M. J., Schlachter, J. T.. A virtue-ethics analysis of supply chain collaboration[J]. Journal of Business Ethics, 2008, 82（4）: 851-864.

[47]Dyer, J. H.. Effective interfirm collaboration: how firms minimize transaction costs and maximize transaction value[J]. Strategie Management Journal 1997, 18（07）: 553-556.

[48]Duffy, R., Fearne, A.. The Impact of Supply Chain Partnerships on Supplier Performance[J]. The international journal of logistics management, 2004, 15（1）: 57-71.

[49]Edwards, J. R.. Multidimensional constructs in organizational behavior research: An integrative analytical framework[J]. Organizational Research Methods, 2001, 4（2）: 144-192.

[50]El-Baz, M. A.. Fuzzy performance measurement of a supply chain in manufacturing companies[J]. Expert Systems with Applications, 2011, 38（6）: 6681-6688.

[51]Ellinger, A. E., Ketchen, D. J., Hult, G. T. M., et al. Market orientation, employee development practices, and performance in logistics service provider firms[J]. Industrial

Marketing Management, 2008, 37（04）: 353-366.

[52]Ersoy, F. F.. Improving technique survival in peritoneal dialysis: What is modifiable?[J]. Peritoneal Dialysis International, 2009, 29（02）: S74-S77.

[53]Estampe, D., Lamouri, S., Paris, J.L., Brahim-Djelloul, S.. A framework for analysing supply chain performance evaluation models[J]. International Journal of Production Economics, 2013,2（142）: 247-258.

[54]Evangelos, I. K., Somchai, P., Ali, H.. Efficiency measurement of US ports using Data envelopment analysis[J]. National Urban Freight Conference, 2006,2: 1-3.

[55]Fabbe-Costes, N., Colin, J.. Formulating a logistics strategy[J]. Global Logistics: New Directions in Supply Chain Management, 2007, 5: 33-54.

[56]Fawcett, S. E., Cooper, M. B.. Logistics performance measurement and customer success[J]. Industrial Marketing Management, 1998, 27（04）: 341-357.

[57]Gallagher, J. D., Smith, D. H.. Applying total quality management to education and training: A US based study[J]. International Journal of Training and Development, 1997, 1（01）: 62-71.

[58]Ganeshan, R., Boone, T., Stenger, A. J.. The impact of inventory and flow planning parameters on supply chain performance: An exploratory study [J]. International Journal of Production Economics, 2001, 71: 111-118.

[59]Garver, M. S., Mentzer, J. T.. Logistics research methods: Employing structural equation modeling to test for construct validity[J]. Journal of Business Logistics, 1999, 20: 33-55.

[60]Gefen D. Customer loyalty in e-commerce[J]. Journal of

the Association for Information Systems, 2002, 3（01）: 27-51.

[61]Gimenez, C., Ventura, E.. Logistics-production, logistics-marketing and external integration: Their impact on performance[J]. International Journal of Operations & Production Management, 2005, 25（01）: 20-38.

[62]Green, K. W., Whitten, D., Inman, R. A.. The impact of logistics performance on organizational performance in a supply chain context[J]. Supply Chain Management: An International Journal, 2008, 13（04）: 317-327.

[63]Guide, V. D. R., Souza, G. C., Van Wassenhove L. N., et al. Time value of commercial product returns[J]. Management Science, 2006, 52（8）: 1200-1214.

[64]Gulati, R., Kletter, D.. Shrinking core, expanding periphery: the relational architecture of high-performing organizations[J]. California Management Review, 2005, 47（03）: 77-104.

[65]Gunasekaran, A., Paterl, C.. Performance measures and metrics in a supply chain environment [J]. International Journal of Operations and Production Management, 2001, 21（1/2）: 71-87.

[66]Gunasekaran, A., Patel, C., McGaughey, R. E.. A framework for supply chain performance measurement[J]. International Journal of Production Economics, 2004, 87（03）: 333-347.

[67]Haas, D. A., Murphy, F. H., Lancioni, R. A.. Managing reverse logistics channels with data envelopment analysis [J]. Transportation Journal, 2003, 42（3）: 59-69.

[68]Hallwell, M. R., Gambatese, J. A.. Qualitative research: application of the Delphi method to CEM research[J]. Journal of Construction Engineering and Management, 2010（01）: 99-108.

[69]Harding, F. E.. Logistics service provider quality: Private measurement evaluation and improvement[J]. Journal of Business Logistics, 1998, 19（01）: 103-120.

[70]Hsiao, H. I., Kemp, R. G. M., van der Vorst, J. G. A.J., Omta, S. W. F.. A classification of logistic outsourcing levels and their impact on service performance: Evidence from the food processing industry[J]. International Journal of Production Economics, 2010, 124（01）: 75-86.

[71]Hsu S. W., Qing F.,Wang C. C., Hsieh H. L.. Evaluation of service quality in facebook-based group-buying[J]. Electronic Commerce Research & Applications, 2018, 28: 30-36.

[72]Hull, B.. The role of elasticity in supply chain performance[J]. International Journal of Production Economics, 2005, 98: 301-314.

[73]Jammernegg, W., Reiner, G.. Performance improvement of supply chain processes by coordinated inventory and capacity management[J]. International Journal of Production Economics, 2007, 108（1-2）: 183-190.

[74]Jarvinen, J., Perklen, E., Kaila-Sternberg, S., et al. PDCA-cycle in implementing design for environment in an R&D unit of Nokis Telecommunications[C]. Electronics and Environment. Proceedings of the 1998 IEEE International Symposium on May, 1998: 237-242.

[75]Jharkharia, S., Shankar, R.. Selection of logistics service provider: An analytic network process（ANP）approach[J]. Omega, 2007, 35（03）: 274-289.

[76]Jin, H., Huang, H., Dong, W., et al. Preliminary experience of a PDCA-cycle and quality management based training curriculum for rat liver transplantation [J]. The Journal of Surgical Research, 2011（11）: 1-14.

[77]Juntunen J., Juntunen M., Juga J..Latent classes of service quality, logistics costs and loyalty[J].International Journal of Logistics,2014,18（05）: 1-17.

[78]Kaplan, R. S., Norton, D. P.. The balanced scorecard-measures that drive performance[J]. Harvard Business Review, 1992: 71-79.

[79]Khan, A., Bakkappa, B., Metri, B. A., Sahay, B. S.. Impact of agile supply chains' delivery practices on firms' performance: cluster analysis and Validation[J]. Supply Chain Management: An International Journal, 2009, 14（01）: 41-48.

[80]Kleijnen, J. P. C., Smits, M. T.. Performance metrics in supply chain management[J]. Journal of the Operational Research Society, 2003, 54（05）: 507-514.

[81]Korpela, J., Tuominen, M., Valoaho, M.. An analytic hierarchy process-based approach to the strategic management of logistic service: An empirical study in the mechanical forest industry [J]. International Journal of Production Economics, 1998（56/57）: 303-318.

[82]Kwong, C. K., Bai, H.. Determining the importance weights for the customer requirements in QFD using a fuzzy AHP with an extent analysis approach [J]. IIE Transaction, 2003, 35（07）: 619-626.

[83]Lai, K. H., Christina, W. Y. W., Cheng, T. C. E.. A coordination-theoretic investigation of the impact of electronic integration on logistics performance [J]. Information & Management, 2008, 45（01）: 10-20.

[84]Lai, K. H.. Service capability and performance of logistics service providers[J]. Transportation Research Part E: Logistics and Transportation Review, 2004, 40（05）: 385-399.

[85]Lai, K. H., Ngai, E. W. T., Cheng, T. C. E.. Measures

for evaluating supply chain performance in transport logistics [J]. Transportation Research Part E: Logistics and Transportation Review, 2002, 38（06）: 439-456.

[86]Lambert, D., Cooper, M.. Issues in supply chain management[J]. Industrial Marketing Management, 2000, 29: 65-83.

[87]Lee, H. L., So, K. C., Tang, C. S.. The value of information sharing in a two-level supply chain [J]. Management Science, 2000, 46（05）: 626-643.

[88]Levy, D. L.. International sourcing and supply chain stability[J]. Journal of International Business Studies, 1995, 26 （02）: 343-360.

[89]Leila Agha Kasiri, Kenny Teoh Guan Cheng, Murali Sambasivan, Samsinar Md. Sidin. Integration of standardization and customization: Impact on service quality, customer satisfaction, and loyalty[J]. Journal of Retailing and Consumer Services, 2017,（35）: 91-97.

[90]Li, G., Yang, H. J., Sun, L. Y.. The impact of IT implementation on supply chain integration and performance[J]. International Journal of Production Economics, 2009, 120: 125-138.

[91]Li, S. H., Rao, S., Ragu-Nathan, T. S.. Development and validation of measurement instrument for studing supply chain management practices[J]. Journal of Operations Management, 2005, 23: 618-641.

[92]Limbourg, S., Giang H. T. Q., Cools M.. Logistics service quality: the case of Da Nang city[J]. Procedia Engineering, 2016, 142: 123-129.

[93]Lin, F. R., Sung, Y. W., Lo, Y. P.. Effects of trust mechanisms on supply-chain performance: A multi-agent simulation study [J]. International Journal of Electronic Commerce

/Summer, 2005, 9 (04): 91-112.

[94]Lin, S., Chen, J.. Integration research on online and offline agricultural products [C]. International Conference on Economics, Social Science, Arts, Education and Management Engineering, 2015: 813-816.

[95]Lin, W., Liu, C., Chu, C.. Performance efficiency evaluation of Taiwan's shipping industry [J]. International Journal of Global Logistics & Supply Chain Management, 2006, 1 (01): 41-50.

[96]Liu, Z. X., Xu, J., Li, Y., et al. Using system dynamics to study the logistics outsourcing cost risk[J]. Kybernetes, Forthcoming,2012.

[97]Liu, C. L., Lyons, A. C.. An analysis of third-party logistics performance and service provision[J]. Transportation Research Part E: Logistics and Transportation Review, 2011, 47 (04): 547-570.

[98]Liu W. H., Shen X. R., Xie D.. Decision method for the optimal number of logistics service providers with service quality guarantee and revenue fairness[J]. Applied Mathematical Modelling, 2017, 48: 53-69.

[99]Lockamy III, A., McCormack. The development of a supply chain management process maturity model using the concepts of business process orientation[J]. Supply Chain Management: An International Journal, 2004, 9 (04): 272-278.

[100]Lummus, R. R., Vokurka, R. J., Alber, K. L.. Strategic supply chain planning[J]. Produetion and Inventory Management, 1998 (03): 49-58.

[101]Melnyk, S., Lummus, R., Vokurka, R., et al. Mapping the future of supply chain management: a delphi study[J]. International Journal of Production Research, 2009, 47 (16):

4629-4653.

[102]Mentzer, J. T., Konrad, B. P.. An efficiency/ effectiveness approach to logistics performance analysis[J]. Journal of Business Logistics, 1991, 12（01）: 33-61.

[103]Mentzer J. T., Gomes R., Krapfel R. E.. Physical distribution service: A fundamental marketing concept?[J]. Journal of the Academy of Marketing Science, 1989, 17（01）: 53-62.

[104]Miller, C. A.. The nature and design of supply chain performance measurement systems-An empirical study[D]. The Pennsylvania State University, 2001.

[105]Min, H., Joo, S. J.. Benchmarking the operational efficiency of third party logistics providers using data envelopment analysis[J]. Supply Chain Management: An International Journal, 2006, 11（03）: 259-265.

[106]Min, S., Mentzer, J. T.. Developing and measuring supply chain concept[J]. Journal of Business Logistics, 2004, 25（01）: 63-99.

[107]Min. H., Park, B. I.. Evaluating the inter-temporal efficiency trends of international container terminals using data envelopment analysis[J]. International Journal of Integrated Supply Management, 2005, 1（03）: 258-277.

[108]Murfield M., Boone C. A., Rutner P., Thomas R.. Investigating logistics service quality in omni-channel retailing[J]. International Journal of Physical Distribution & Logistics Management, 2017, 47（04）: 263-296.

[109]Narasimhan, R., Talluri, S., Mendez, D.. Supplier evaluation and rationalization via data envelopment analysis: an empirical examination[J]. The Journal of Supply Chain Management, 2001, 37（01）: 28-37.

[110]Oliver R. L.. A Cognitive Model of the Antecedents and Consequences of Satisfaction Decisions[J]. Journal of Marketing Research, 1980, 17（4）: 460-469.

[111]Oliver, R. L., Burke, R. R.. Expectation processes in satisfaction formation[J]. Journal of Service Research, 1999, 1（03）: 196-214.

[112]Pache, G., Spalanzani, A.. La gestion des chaines logistiques multi-acteurs: perspectives strategiques[M]. Presses Universitaires De Grenoble, 2007.

[113]Panayides, P. M., Venus, Lun. Y. H.. The impacet of trust on innovativeness and supply chain performance[J]. International Journal of Prodution Economics, 2009, 122: 35-46.

[114]Parasuraman, A., Zeithaml, V. A., Berry, L. L.. SERVQUAL: A multiple-item scale for measuring consumer perceptions of service quality[J]. Journal of Retailing, 1988, 64（01）: 12-40.

[115]Perreault W. D., Russ F.A.. Physical distribution service: Aneglected aspect of marketing management[J]. MSU Business Topics, 1974, 22: 37-45.

[116]Power, D., Sharafali, M., Bhakoo, V.. Adding value through outsourcing Contribution of 3PL services to customer performance[J]. Management Research News, 2007, 30（03）: 228-235.

[117]Prajogo, D., Oke, A., Olhager, J.. Supply chain processes: linking supply logistics integration, supply performance, lean processes and competitive performance[J]. International Journal of Operations & Production Management, 2016, 36（02）: 220-238.

[118]Ramanathan, R.. The moderating roles of risk and efficiency on the relationship between logistics performance and

customer loyalty in e-commerce[J]. Transportation Research Part E: logistics and Transportation Review, 2010, 46（06）: 950-962.

[119]Reniers, G. L. L., Cremer, K., Buytaert, J.. Continuously and simultaneously optimizing an organization's safety and security culture and climate: the improvement diamond for excellence achievement and leadership in safety & security（IDEAL S&S）model[J]. Journal of Cleaner Production, 2011, 19（11）: 1239-1249.

[120]Saaty, T. L.. The analytic hierarchy process[M]. McGraw-Hill Book Co, 1980.

[121]Sharma, M. K., Bhagwat, R.. An integrated BSC-AHP approach for supply chain management evaluation[J]. Measuring Business Excellence, 2007, 11（03）: 57-68.

[122]Shepherd, C., Günter, H.. Measuring supply chain performance: current research and future directions[J]. International Journal of Productivity and Performance Management, 2006, 55（3-4）: 242-258.

[123]Simatupang, T. M., Sridharan, R.. A benchmarking scheme for supply chain collaboration[J]. Benchmarking: An International Journal, 2004, 1（01）: 9-30.

[124]Sohail, M. S., Sohal, A. S.. The use of third party logistics: a Malaysian perspective [J]. Technovation, 2003, 23: 401-408.

[125]Sohn J-II., Woo S. H., Kim T. W.. Assessment of logistics service quality using the Kano model in a logistics-triadic relationship[J]. The International Journal of Logistics Management, 2017, 28（02）: 680-698.

[126]Stank, T. P., Goldsby, T. J., Vickery, S. K., Savitskie, K.. Logistics service performance: estimating its influence on market share[J]. Journal of Business Logistics,

2003, 24（01）: 27-46.

[127]Starbird, S. A.. Moral hazard, inspection policy, and food safety[J]. American Journal of Agricultural Economics, 2005, 87（01）: 15-27.

[128]Sun, S. Y., Hsu, M. H.. The impact of alignment between supply chain strategy and environmental uncertainty on SCM performance[J]. Supply chain management: An International Journal, 2009, 14（03）: 201-212.

[129]Tan, K. C., Lyman, S. B., Wisner, J. D.. Supply chain management: a strategic perspective[J]. International Journal of Operations and Production Management, 2002, 22（6）: 614-631.

[130]Tatoglu, E., Bayraktar, E., Golgeci, I., et al.. How do supply chain management and information systems practices influence operational performance? Evidence from emerging country SMEs[J]. International Journal of Logistics Research and Applications, 2016, 19（03）: 181-199.

[131]Toni, A. D., Tonchia, S.. Performance measurement systems: models, characteristics, and measures[J]. International Journal of Operations and Production Management, 2001, 21（1/2）: 46-70.

[132]Torkki, P. M., Alho, A. I., Peltokorpi, A. V., et al. Managing urgent surgery as a process: Case study of a trauma center[J]. International Journal of Technology Assess Health Care, 2006, 22: 255.

[133]Trkman, P., Stemberger, M. I., Jaklic, J., Groznik, A.. Process approach to supply chain integration[J]. Supply Chain Management: An International Journal, 2007, 12（02）: 116-128.

[134]Vachon, S., Klassen, R.. An exploratory investigation of the effects of supply chain complexity on delivery

performance[J]. IEEE Transactions on Engineering Management, 2002, 49（03）: 218-230.

[135]Weber, C. A., Current, J. R., Benton, W. C.. Vendor selection criteria and methods [J]. European Joumal of Operational Research, 1991, 50: 2-18.

[136]Williams, H. F., Fallone, S.. CQI in the acute care setting: An opportunity to influence acute care practice[J]. Nephrology Nursing Journal, 2008, 35（05）: 515-522.

[137]Wong, W. P., Wong, K. Y.. A review on benchmarking of supply chain performance measures[J].An International Journal, 2008, 15（01）: 25-51.

[138]Wu, F., Yeniyurt, S., Kim, D., Cavusgil, S. T.. The impact of information technology on supply chain capabilities and firm performance: A resource-based view[J]. Industrial Marketing Management, 2006, 35: 493-504.

[139]Bolumole, Y. A.. Evaluating the supply chain role of logistics service providers[J]. International Journal of Logistics Management, 2003, 14（02）: 93-107.

[140]Zeithaml V. A., Parasuraman A., Arvind Malhotra.. Service quality delivery through web sites: a critical review of extant knowledge[J]. Journal of Academy of Marketing Science, 2002, 30（04）: 362-375.

[141]Zelbst, P. J., Green, K. W., Sower, V. E., et al. Impact of supply chain linkages on supply chain performance[J]. Industrial Management & Data Systems, 2009, 109（05）: 665-682.

[142]Zhou, G. G., Min, H., Xu, C., Cao, Z. Y.. Evaluating the comparative efficiency of Chinese third-party logistics providers using data envelopment analysis[J]. International Journal of Physical Distribution & Logistics Management, 2008, 38（04）: 262-279.

[143]Zhu, K. J., Jing, Y., Chang, D. Y.. A discussion on extent analysis method and applications of fuzzy AHP [J]. European Journal of Operational Research, 1999, 116（2）: 450-456.

[144] 卞文良,鞠颂东,徐杰,等.在线 B2C 顾客物流服务感知及相关因素的实证研究 [J]. 管理工程学报,2011,25（02）: 14-20.

[145] 蔡让,王耀球.台湾百货公司物流配送服务绩效分析 [J]. 北京交通大学学报(社会科学版),2014,13（03）: 60.

[146] 曹磊,陈灿,郭勤贵,等.互联网+:跨界与融合 [M]. 北京:机械工业出版社,2015.

[147] 曹书民.PDCA 循环在企业绩效管理系统中的运用 [J]. 价值工程,2008（06）: 103-106.

[148] 曹永辉.供应链协同对运营绩效的影响 [J]. 中国流通经济,2013（03）: 44-50.

[149] 常峰,杨莎莎,路云.基于双射软管集合的医药物流企业绩效评价体系研究 [J]. 管理现代化,2016（02）: 84-86.

[150] 陈国福,王炎坤,熊国经,等.跨境电子商务物流发展环境实证研究——以浙江省为例 [J]. 科技管理研究,2017,37(12): 189-194.

[151] 陈丽."互联网+教育"的创新本质与变革趋势 [J]. 远程教育杂志,2016,34（04）: 3-8.

[152] 陈丽,林世员,郑勤华."互联网+"时代中国远程教育的机遇和挑战 [J]. 现代远程教育研究,2016（01）: 3-10.

[153] 陈萍,李航.基于时间满意度的 O2O 外卖配送路径优化问题研究 [J]. 中国管理科学,2016,24（S1）: 170-176.

[154] 陈雯,张强.第三方物流客户服务绩效的灰色模糊综合评价模型 [J]. 模糊系统与数学,2007,21（02）: 148-154.

[155] 陈志祥.AHP 方法在敏捷供应链协调绩效评价决策系统的应用 [J]. 计算机工程与应用,2003（33）: 33-34+41.

[156] 成晨,丁冬 . "互联网 + 农业电子商务":现代农业信息化的发展路径 [J]. 情报科学,2016,34(11):49-52+59.

[157] 成德宁,汪浩,黄杨 . "互联网 + 农业"背景下我国农业产业链的改造与升级 [J]. 农村经济,2017(05):52-57.

[158] 但斌,郑开维,刘墨林,等 . 基于社群经济的"互联网 +"生鲜农产品供应链 C2B 商业模式研究 [J]. 商业经济与管理,2016(08):16-23.

[159] 但斌,郑开维,邵兵家 . 基于消费众筹的"互联网 +"生鲜农产品供应链预售模式研究 [J]. 农村经济,2017(02):83-88.

[160] 但斌,刘墨林,邵兵家,等 . "互联网 +"生鲜农产品供应链的产品服务融合商业模式 [J]. 商业经济与管理,2017(09):5-14.

[161] 但斌,郑开维,吴胜男,等 . "互联网 +"生鲜农产品供应链 C2B 商业模式的实现路径——基于拼好货的案例研究 [J]. 经济与管理研究,2018,39(02):65-78.

[162] 邓爱民,陶宝,马莹莹 . 网络购物顾客忠诚度影响因素的实证研究 [J]. 中国管理科学,2014,22(06):94-102.

[163] 耿会君 . 基于 O2O 的废旧手机绿色物流模式研究 [J]. 生态经济,2015,31(09):105-109.

[164] 耿勇 . 服务创新与物流 O2O 平台运作绩效——团队创新意识的调节作用 [J]. 中国流通经济,2018,32(04):40-48.

[165] 董晓舟,晁钢令 . 多渠道零售企业 O2O 战略的协同效应研究——基于顾客 RFM 面板数据的实证分析 [J]. 外国经济与管理,2018,40(08):71-86.

[166] 董媛媛,卢斌斌,梁艳艳 . 核心企业知识转移效果对供应链绩效影响实证研究 [J]. 华东经济管理,2018,32(10):174-180.

[167] 杜松华,陈扬森,柯晓波,等 . "互联网 + 生态农业"可持续发展——广东绿谷模式探究 [J]. 管理评论,2017,29(06):264-272.

[168] 方永美,刘伟章,杨振刚,等 . 基于 PCA 的生产企业物

流绩效评价 [J]. 工业工程,2011,(01):90-93.

[169] 范秀成,杜建刚.服务质量五维度对服务满意及服务忠诚的影响——基于转型期间中国服务业的一项实证研究 [J]. 管理世界,2006(06):111-118.

[170] 冯国经,等.在平的世界中竞争 [M]. 北京:中国人民大学出版社,2009.

[171] 付秋芳.基于时间竞争的供应链周期时间结构特征研究 [D]. 华中科技大学,2005.

[172] 符少玲,王升.涉农供应链伙伴关系、合作绩效和合作稳定性的关系研究 [J]. 情报杂志,2008,(06):38-42.

[173] 高凯."互联网+"时代传统零售业商业模式创新路径 [J]. 企业经济,2017,36(05):155-159.

[174] 高健.主成分分析模型在衡量物流客户服务水平中的应用 [J]. 统计与决策,2009(15):156-157.

[175] 龚旺,郑国华.基于客户退货时间价值的闭环供应链绩效研究 [J]. 铁道科学与工程学报,2017,14(05):1086-1093.

[176] 郭宏伟."互联网+"高等教育环境下微课资源建设研究——以中医学专业系列微课为例 [J]. 中国电化教育,2017(04):141-145.

[177] 郭韧,黄淑蓉,程小刚.基于动态聚类的跨境电子商务物流信息匹配研究 [J]. 图书馆学研究,2018(01):89-94.

[178] 郭燕,陈国华,陈之昶."互联网+"背景下传统零售业转型的思考 [J]. 经济问题,2016(11):71-74.

[179] 贺曦鸣,胡赛全,易成,等.平台服务和物流服务对网络商家信心的影响——商家信誉的调节作用 [J]. 中国管理科学,2015,23(06):83-90.

[180] 何师元."互联网+金融"新业态与实体经济发展的关联度 [J]. 改革,2015(07):72-81.

[181] 何耀宇,吕永卫.物流服务质量影响因素与顾客忠诚度 [J]. 中国流通经济,2012,26(7):79-82.

[182] 何宜庆,李论,白彩全.基于 G1-DEA 和 TOPSIS- 灰色关联分析的供应链绩效评价方法——以企业内部供应链为例 [J].科技管理研究,2016,36（16）：68-73.

[183] 侯振兴,朱庆华,袁勤俭.基于交互视角的 O2O 电子商务服务质量评价研究 [J].情报科学,2016,9（34）：138-144.

[184] 黄福华,满孜孜.供应链博弈下零售企业物流绩效动态测评实证研究 [J].系统工程,2006,24（10）：34-38.

[185] 霍佳震,周敏.物流绩效管理 [M].北京：清华大学出版社,2009.

[186] 胡乐乐.论"互联网 +"给我国教育带来的机遇与挑战 [J].现代教育技术,2015,25（12）：26-32.

[187] 周云飞.基于 PDCA 循环的政府绩效管理流程模式研究 [J].情报杂志,2009,28（10）：72-75,84.

[188] 贾鹏,董洁.基于 BSC 的物流服务供应链绩效指标可拓优度评价 [J].统计与决策,2018,34（03）：44-48.

[189] 焦新龙,刘雪莲,马天山.港口物流绩效定量评价理论及应用 [J].经济地理,2009,29（12）：2034-2038+2079.

[190] 金亮,张旭梅,但斌,等.交叉销售下"线下体验 + 线上零售"的 O2O 供应链佣金契约设计 [J].中国管理科学,2017,25（11）：33-46.

[191] 冀芳,张夏恒.跨境电子商务物流模式创新与发展趋势 [J].中国流通经济,2015,29（06）：14-20.

[192] 计国君,张灵,杨光勇,等.基于战略顾客行为的不同权力结构下供应链绩效 [J].控制与决策,2016,（03）：458-466.

[193] 居玲玲,胡守忠,王晓艳.服装零售业 O2O 可持续盈利影响因素扎根研究 [J].丝绸,2018,55（04）：57-64.

[194] 李宝库,周贺.电子商务群体渠道选择的演化博弈分析——基于 LBS 的 O2O 餐饮行业 [J].资源开发与市场,2015,31（12）：1450-1454.

[195] 李成钢."互联网 +"视角下的电子商务"价值经济"

研究 [J]. 中国流通经济,2015,29（07）:76-81.

[196] 李贵春,李从东,李龙洙.供应链绩效评价指标体系与评价方法研究 [J]. 管理工程学报,2004,18（01）:104-106.

[197] 李冠艺.互联网思维下电商物流创新与传统物流转型 [J]. 商业研究,2016（04）:187-192.

[198] 李国英."互联网+"背景下我国现代农业产业链及商业模式解构 [J]. 农村经济,2015（09）:29-33.

[199] 李丰生,何原荣,陆琳.基于 n 人合作对策的 LBS 价值链收益分配研究 [J]. 价值工程,2005（05）:25-27.

[200] 李明芳,薛景梅.不同渠道权力结构下制造商回收闭环供应链绩效分析 [J]. 控制与决策,2016,31（11）:2095-2100.

[201] 李瑾,冯献,郭美荣,等."互联网+"现代农业发展模式的国际比较与借鉴 [J]. 农业现代化研究,2018,39（02）:194-202.

[202] 李美羽,苗泽华,朱艳新."互联网+"视域下河北省钢铁物流业发展策略 [J]. 中国流通经济,2016,30（10）:56-65.

[203] 李守林,赵瑞,陈丽华.基于灰色关联分析和 TOPSIS 的物流企业创新绩效评价 [J]. 工业技术经济,2018,37（04）:12-21.

[204] 李文静.零售企业物流绩效评价研究 [D]. 东北财经大学,2009.

[205] 李向阳.促进跨境电子商务物流发展的路径 [J]. 中国流通经济,2014,28（10）:107-112.

[206] 李小涛,高海燕,邹佳人,等."互联网+"背景下的 STEAM 教育到创客教育之变迁——从基于项目的学习到创新能力的培养 [J]. 远程教育杂志,2016,34（01）:28-36.

[207] 李艳艳,程钧谟.O2O 模式下电商企业客户服务评价体系构建 [J]. 财会月刊,2018（09）:157-163.

[208] 李颖,孙长学."互联网+医疗"的创新发展 [J]. 宏观经济管理,2016（03）:33-35.

[209] 李玉龙,李雪欣.传统大型零售企业"O2O"双重商业

模式整合分析 [J]. 学习与实践, 2015（02）: 23-30.

[210] 李媛, 赵道致. 收益共享寄售契约下考虑碳减排的供应链绩效 [J]. 管理工程学报, 2016, 30（03）: 188-194.

[211] 廖成林, 刘学明, 李忆, 等. 供应链管理实施与组织绩效的关系实证分析 [J]. 工业工程与管理, 2008（01）: 89-93.

[212] 林斐. 基于 O2O 模式的社区居家养老服务机制构建 [J]. 山东社会科学, 2016（S1）: 457-458.

[213] 林正平. 供应链联盟环境中第三方物流企业系统性绩效管理 [D]. 同济大学, 2006.

[214] 梁海红. "互联网 +" 时代物流配送中心选址优化模型构建 [J]. 统计与决策, 2016,（22）: 51-53.

[215] 梁艺琼, 张媛. O2O 智慧社区平台用户满意度实证研究——以北京市丰台区方庄社区为例 [J]. 中国管理科学, 2016, 24（S1）: 271-275.

[216] 刘秉镰, 王鹏姬. 基于平衡计分卡的物流企业绩效层次分析 [J]. 中国流通经济, 2003（07）: 58-61.

[217] 刘川锋, 王瑞梅, 胡好, 等. "互联网 +" 背景下公益性农产品电子商务批发市场构建 [J]. 科技管理研究, 2018, 38（02）: 203-208.

[218] 刘达. 基于传统供应链金融的 "互联网 +" 研究 [J]. 经济与管理研究, 2016, 37（11）: 22-29.

[219] 刘华明, 王勇. 3PL 服务能力与供应链整合对企业运营绩效的影响 [J]. 预测, 2017, 36（01）: 67-73.

[220] 刘佳. "直播 + 教育": "互联网 +" 学习的新形式与价值探究 [J]. 远程教育杂志, 2017, 35（01）: 52-59.

[221] 刘路星, 郑蓉蓉, 吴声怡. 有机农产品 O2O 营销模式创新研究 [J]. 求索, 2015（08）: 46-49.

[222] 刘明, 杨路明. 快递物流企业提升客户满意度研究 [J]. 技术经济与管理研究, 2015（09）: 72-75.

[223] 刘伟, 徐鹏涛. O2O 电商平台在线点评有用性影响因

素的识别研究——以餐饮行业O2O模式为例[J].中国管理科学,2016,24（05）:168-176.

[224] 刘小明.以"互联网+"促进运输服务业转型升级[J].宏观经济管理,2015（10）:18-21.

[225] 刘小群,马士华.支持快速客户响应的敏捷物流运作技术与方法[J].科研管理,2007,28（02）:152-159+151.

[226] 刘永清."互联网+"战略下家电逆向物流营销模式的变革[J].中国流通经济,2015,29（06）:30-35.

[227] 刘云生.论"互联网+"下的教育大变革[J].教育发展研究,2015,35（20）:10-16.

[228] 刘威延,苏秦,张鹏伟.考虑生产商加工过程的供应链契约设计[J].运筹与管理,2012（12）:35-40.

[229] 刘助忠,龚荷英."互联网+"时代农产品供应链演化新趋势——基于"云"的农产品供应链运作新模式[J].中国流通经济,2015,29（09）:91-97.

[230] 刘助忠,龚荷英."互联网+"概念下的"O2O"型农产品供应链流程集成优化[J].求索,2015（06）:90-94.

[231] 楼永俊.基于O2O模式的连锁零售企业营运模式探析[J].江苏商论,2014（02）:20-21+28.

[232] 吕淑丽.结构方程模型在物流企业顾客忠诚度研究中的应用[J].情报杂志,2010,29（07）:193-197.

[233] 罗明,马卫,周叶.供应链生命周期下的绩效评价指标体系研究[J].物流技术,2007（10）:81-85.

[234] 娄平,陈幼平,周祖德,等.基于多智能agent的敏捷供应链[J].计算机工程与应用,2002（05）:43-45.

[235] 马晨,李瑾."互联网+"时代我国现代农业服务业的新内涵、新特征及动力机制研究[J].科技管理研究,2018,38（02）:196-202.

[236] 马士华,李华焰,林勇.平衡记分法在供应链绩效评价中的应用研究[J].工业工程与管理,2002（04）:5-10.

[237] 马士华,林勇.供应链管理[M].北京:高等教育出版社,2006.

[238] 马雪芬,刘易勇,孙树栋,等.供应链管理环境下第三方物流企业的评价选择[J].计算机工程与应用,2003(02):7-9.

[239] 孟虎,梁晓蓓,杨以雄,等.大数据背景下基于LMBP算法的供应链绩效评价与优化[J].数据分析与知识发现,2018,2(11):37-45.

[240] 聂林海."互联网+"时代的电子商务[J].中国流通经济,2015,29(06):53-57.

[241] 宁家骏."互联网+"行动计划的实施背景、内涵及主要内容[J].电子政务,2015(06):32-38.

[242] 潘文荣.企业物流绩效评价指标体系的构建[J].统计与决策,2005(22):162-163.

[243] 钱慧敏,何江.B2C跨境电子商务物流模式选择实证研究[J].商业研究,2016(12):118-125.

[244] 邱洪全.生鲜农产品双渠道供应链协同创新对物流服务绩效的影响[J].中国流通经济,2017,31(09):22-30.

[245] 任力,郭建南.服装品牌O2O模式分类下的消费体验[J].纺织学报,2015,36(03):147-152.

[246] 阮荣平,周佩,郑风田."互联网+"背景下的新型农业经营主体信息化发展状况及对策建议——基于全国1394个新型农业经营主体调查数据[J].管理世界,2017(07):50-64.

[247] 盛天翔,刘春林.网上交易服务质量四维度对顾客满意及忠诚度影响的实证分析[J].南开管理评论,2008,11(06):37-41+47.

[248] 史大胜,曹鑫莉,董美娟."互联网+"背景下民族地区学前教育信息化建设的机遇、挑战及应对策略[J].中国电化教育,2018(05):136-142.

[249] 史成东,陈菊红,张雅琪.物流公司绩效的DEA交叉评价[J].系统工程,2010,28(01):47-52.

[250] 沈蕾,刘娜.O2O模式下顾客满意度影响因素研究——以服装企业为例 [J]. 商业研究,2016（05）:148-153.

[251] 申强,董磊,庞昌伟,等.基于"互联网+"农产品供应链质量监管体系研究 [J]. 农业现代化研究,2017,38（02）:219-225.

[252] 张滨,刘小军,陶章.我国跨境电子商务物流现状及运作模式 [J]. 中国流通经济,2015,29（01）:51-56.

[253] 孙东东."互联网+医疗"风险的认识与防控 [J]. 科技导报,2017,35（01）:156-158.

[254] 孙宏岭,戚世均.现代物流活动绩效分析 [M]. 北京:中国物资出版社,2001.

[255] 孙笑,刘春延,张池军,等."互联网+"背景下敏捷物流管理信息共享机制研究 [J]. 情报科学,2017,35（05）:157-159.

[256] 孙晓波,骆温平.物流企业主动改进、双边关系绩效与客户忠诚度——基于双边调查的实证研究 [J]. 中国流通经济,2014,28（07）:94-100.

[257] 谭勇,马士华,龚凤美.物流运作能力对供应链绩效影响的实证研究 [J]. 复旦学报(自然科学版),2007,46（4）:450-456.

[258]（美）唐纳德J.鲍尔索克斯,戴维J.克劳斯.物流管理 [M]. 北京:机械工业出版社,1999.

[259]（美）唐纳德J.鲍尔索克斯,戴维J.克劳斯,M.比克斯比·库珀.供应链物流管理 [M]. 马士华,黄爽译.北京:机械工业出版社,2010.

[260]（美)托马斯·弗里德曼.世界是平的:21世纪简史 [M]. 长沙:湖南科学技术出版社,2015.

[261] 万晨洁,何建佳,蒋雪琳.社区便利O2O的供应链超网络均衡模型研究 [J]. 计算机工程与应用,2017,53（05）:241-248.

[262] 汪旭晖,张其林.基于线上线下融合的农产品流通模式研究——农产品O2O框架及趋势 [J]. 北京工商大学学报(社会科学版),2014,29（03）:18-25.

[263] 王敬琪.基于UTAUT模型的"互联网+医疗"产品偏

好研究 [J]. 科研管理,2017,38（S1）:176-185.

[264] 王鹏姬,陈柳钦. 平衡记分法在物流服务企业效绩评价中的应用 [J]. 财会通讯,2003（08）:24-25.

[265] 王勤志,张坚. 上海世博会物流服务绩效评价实证研究 [J]. 工业工程与管理,2010,15（01）:108-115.

[266] 王顺林,陈一芳. "互联网 +" 物流信息安全管理的用户行为路径优化研究 [J]. 科技管理研究,2018,38（16）:183-189.

[267] 王文宾,赵庆祯. 评估物流企业客户服务水平的 Fuzzy-DEA 方法 [J]. 计算机工程与应用,2006（09）:230-232.

[268] 王旭坪,詹林敏,张珺. 考虑碳税的电子商务物流最后一公里不同配送模式的成本研究 [J]. 系统管理学报,2018,27（04）:776-782.

[269] 王郁,郭丽芳,马家齐,等. "互联网 +" 视域下智慧物流实时风险管理机制研究 [J]. 管理现代化,2018,38（01）:98-101.

[270] 王元卓,靳小龙,程学旗. 网络大数据:现状与展望 [J]. 计算机学报,2013,36（06）:1125-1138.

[271] 韦福祥,彭经纶. 文化差异对顾客服务质量感知影响的实证研究 [J]. 南开管理评论,2003（03）:77-80.

[272] 魏洁,魏航. 跨境电子商务物流模式选择研究 [J]. 科技管理研究,2017,37（21）:175-179.

[273] 吴锦峰,常亚平,侯德林.O2O 零售系统顾客采纳意愿实证研究——基于网络购物经验的调节作用 [J]. 中国流通经济,2016,30（05）:72-80.

[274] 吴金南,尚慧娟. 物流服务质量与在线顾客忠诚——个体差异的调节效应 [J]. 软科学,2014,28（06）:113-116.

[275] 吴南中,黄治虎,曾靓,等. 大数据视角下"互联网 + 教育"生态观及其建构 [J]. 中国电化教育,2018（10）:22-30.

[276] 吴睿,邓金堂. 互联网 + 供应链金融:中小企业融资新思路 [J]. 企业经济,2018,37（02）:108-114.

[277] 吴腾宇,陈嘉俊,蹇洁,等.O2O 模式下的配送车辆实时

取送货路径选择问题[J].系统工程理论与实践,2018,38（11）:2885-2891.

[278] 吴亦娇,赵子健."互联网+"背景下我国电子商务发展研究[J].宏观经济管理,2017（02）:71-74.

[279] 吴忠华.第三方物流公司顾客满意度与忠诚度——基于心理契约的研究[J].中国流通经济,2014,28（5）:101-105.

[280] 武沁宇.我国"互联网+生鲜农产品"宅配业态探析[J].经济纵横,2016（06）:76-79.

[281] 肖花,吴先福."微时代"图书馆-社区O2O生态圈构建[J].图书馆工作与研究,2018（04）:59-63.

[282] 谢广营,韩云霞.中国网购物流服务质量实证研究[J].北京交通大学学报(社会科学版),2016,15（04）:102-114.

[283] 徐明,于君英.SERVQUAL标尺测量服务质量的应用研究[J].工业工程与管理,2001（06）:6-9.

[284] 许国兵,张文杰.基于网络层次分析法的物流外包满意度评价方法研究[J].南开经济研究,2007（05）:120-132.

[285] 徐鹏杰,吴盛汉.基于"互联网+"背景的供应链金融模式创新与发展研究[J].经济体制改革,2018（05）:133-138.

[286] 徐贤浩,马士华,陈荣秋.供应链绩效评价特点及其指标体系研究[J].华中理工大学学报(社会科学版),2000,14（02）:69-72.

[287] 杨柏.基于平衡记分卡的汽车企业动态联盟供应链绩效评价研究[J].管理世界,2007（8）:161-162.

[288] 杨继瑞,薛晓,汪锐."互联网+现代农业"的经营思维与创新路径[J].经济纵横,2016（01）:78-81.

[289] 杨洁.基于PDCA循环的内部控制有效性综合评价[J].会计研究,2011（04）:82-87.

[290] 杨光勇,计国君.战略顾客行为对竞争性供应链绩效的影响[J].系统工程理论与实践,2014,34（08）:1998-2006.

[291] 杨剑飞."互联网+教育":新学习革命[M].北京:知

识产权出版社,2016.

[292] 杨聚平,杨长春,姚宣霞.电子商务物流中的间接配送模式研究 [J].商业研究,2014（05）:162-171.

[293] 杨萌柯,周晓光."互联网+"背景下快递末端协同配送模式的构建 [J].北京邮电大学学报(社会科学版),2015,17（06）:45-50+57.

[294] 殷梅英,王梦光,刘士新.供应链分销阶段运作绩效评价 [J].系统工程理论方法应用,2004,13（05）:400-403.

[295] 于本海,杨永清,孙静林,等.顾客体验与商户线下存在对社区 O2O 电商接受意向的影响研究 [J].管理学报,2015(11):1658-1664.

[296] 余胜泉,汪晓凤."互联网+"时代的教育供给转型与变革 [J].开放教育研究,2017,23（01）:29-36.

[297] 余胜泉,王阿习."互联网 + 教育"的变革路径 [J].中国电化教育,2016（10）:1-9.

[298] 詹青龙,杨梦佳."互联网+"视域下的创客教育 2.0 与智慧学习活动研究 [J].远程教育杂志,2015,33（06）:24-31.

[299] 张栋栋,熊翀.O2O:我国服装零售业发展创新驱动模式 [J].商业研究,2015（07）:1-7.

[300] 张锦,陈义友.物流"最后一公里"问题研究综述 [J].中国流通经济,2015,29（04）:23-32.

[301] 张敬,魏旭光,康凯."互联网+"下产业基地的电子商务与物流配送整合 [J].商业经济研究,2016（09）:68-69.

[302] 张琼.移动互联网 + 视域下零售业态演变路径及对策 [J].中国流通经济,2016,30（02）:14-19.

[303] 张士华."供应链云"下农产品电子商务物流体系和模式探究 [J].科技管理研究,2016,36（23）:216-220.

[304] 张天勇.技术异化与现代性的走向——海德格尔与鲍德里亚的视域 [J].科学技术哲学研究,2015,32（02）:63-67.

[305] 张夏恒."互联网+"下医药电子商务生态系统的构建

与发展路径 [J]. 当代经济管理,2016,38（11）: 26-29.

[306] 张晓芹. 基于大数据的电子商务物流服务创新 [J]. 中国流通经济,2018,32（08）: 15-22.

[307] 张晓雯,眭海霞,陈俊江. 促进"互联网 +"现代农业科学发展研究 [J]. 农村经济,2017（02）: 95-99.

[308] 张旭梅,梁晓云,但斌. 考虑消费者便利性的"互联网 +"生鲜农产品供应链 O2O 商业模式 [J]. 当代经济管理,2018,40（01）: 21-27.

[309] 张雪文,仇蕾洁,杨雅妮,等. 互联网 + 医疗视角下医学生网络就医行为及就医意愿研究 [J]. 中国预防医学杂志,2018,19（03）: 223-227.

[310] 张岩. "互联网 + 教育"理念及模式探析 [J]. 中国高教研究,2016（02）: 70-73.

[311] 张应语,张梦佳,王强,等. 基于感知收益 – 感知风险框架的 O2O 模式下生鲜农产品购买意愿研究 [J]. 中国软科学,2015（06）: 128-138.

[312] 张优良,尚俊杰. "互联网 +"与中国高等教育变革前景 [J]. 现代远程教育研究,2018（01）: 15-23.

[313] 赵道致,杨洁. O2O 外卖配送预计送达时间决策模式的选择策略 [J]. 工业工程与管理,2018,23（05）: 8-14+23.

[314] 赵光辉. 我国"互联网 +"交通服务的演进与政策 [J]. 中国流通经济,2016,30（3）: 39-48.

[315] 赵光辉. "互联网 +"背景下物流企业风险控制研究 [J]. 现代管理科学,2017（08）: 69-71.

[316] 赵林度. 基于绩效分析与关键控制点的物流系统控制 [J]. 东南大学学报(自然科学版),2007（S2）: 231-236.

[317] 赵培忻,赵庆祯. 物流客户服务水平的模糊评价方法 [J]. 物流技术,2003（12）: 50-51+57.

[318] 赵泉午,赵军平,林娅. O2O 融合下的服装鞋类连锁经营企业城市配送问题 [J]. 管理学报,2017,14（04）: 617-624.

[319] 赵泉午,赵军平,林娅.基于O2O的大型零售企业城市配送网络优化研究[J].中国管理科学,2017,25(09):159-167.

[320] 赵纹硕,王玲,李敏,等.服装企业O2O零售决策模型构建与实证分析[J].丝绸,2018,55(01):48-55.

[321] 赵芝俊,陈耀.互联网+农业:理论、实践与政策——2015年中国技术经济学会农业技术经济分会年会综述[J].农业技术经济,2015(11):126-128.

[322] 赵志田,何永达,杨坚争.农产品电子商务物流理论构建及实证分析[J].商业经济与管理,2014(07):14-21.

[323] 赵昕.产业金融创新:从跨界到无界——互联网+供应链金融生态报告[J].学术交流,2016(06):136-141.

[324] 湛泳,徐乐."互联网+"下的包容性金融与家庭创业决策[J].财经研究,2017,43(09):62-75+145.

[325] 郑兵,董大海,金玉芳.第三方物流客户满意度前因研究——基于客户视角[J].管理工程学报,2008,2(22):51-57.

[326] 郑传锋.基于平衡记分卡的供应链绩效评价指标体系研究[J].中国物流与采购,2005(10):68-70.

[327] 郑志来.互联网金融对我国商业银行的影响路径——基于"互联网+"对零售业的影响视角[J].财经科学,2015(05):34-43.

[328] 周斌,毛德勇,朱桂宾."互联网+"、普惠金融与经济增长——基于面板数据的PVAR模型实证检验[J].财经理论与实践,2017,38(02):9-16.

[329] 周静,孙健.基于AHP-DEA模型的冷链物流企业绩效评价[J].社会科学期刊,2015(5):114-119.

[330] 周绍东."互联网+"推动的农业生产方式变革——基于马克思主义政治经济学视角的探究[J].中国农村观察,2016(06):75-85+97.

[331] 周驷华,万国华.信息技术能力对供应链绩效的影响:基于信息整合的视角[J].系统管理学报,2016,25(1):90-102.

[332] 周驷华,万国华.电子商务对制造企业供应链绩效的影响:基于信息整合视角的实证研究 [J]. 管理评论,2017,29（1）:199–210.

附录 1 调查问卷

基于供应链视角的物流客户服务绩效评价指标调查问卷

尊敬的先生 / 女士:

您好!

非常感谢您在百忙之中抽空回答此问卷!本问卷的目的是确定基于供应链视角的物流客户服务绩效评价的指标体系,为了能真实反应出问题的实质,恳请您认真作答并及时回复。

您的宝贵意见将对整个研究结果产生关键影响,谢谢您的大力协助!所有问卷都是匿名作答,并且承诺保证其中的信息只作学术研究之用,请您安心作答。

第一部分 基本信息

本部分为问卷填写者的个人信息,单选题,请您选择适合的选项。

1. 您的性别( )

○女

○男

2. 您的年龄( )

○ 30 岁以下

○ 31—40 岁

○ 41—50 岁

○ 51—60 岁

○ 60 岁以上

3. 您的职业（　　）

○文章作者及著作编者

○物流企业管理人员

○制造商物流 / 供应链管理人员

○销售商物流 / 供应链管理人员

第二部分　基于供应链视角的物流客户服务绩效评价指标的选择

通过前期查阅国内外的相关文献,笔者初选了以下几组指标作为基于供应链视角的物流客户服务绩效评价的指标。下表中均采用 5 级打分,分别为"非常同意、同意、中立、不同意、非常不同意",现请您在五个选项中给出自己的选择,并在相应位置打钩。

一级指标	二级指标	非常同意	同意	中立	不同意	非常不同意
时间	订单完成周期时间					
	订单完成周期时间的一致性					
	储运时间					
	库存周转率					
	物流服务响应时间					
成本	供应链物流总成本					
	单位成本					
	供应链物流成本收益比率					
质量	可靠性					
	柔性					
	服务能力					

您认为还有其他需要补充的意见吗？

答：_____

　　本次问卷调研到此结束,再次忠心感谢您的宝贵意见。祝您工作顺利、万事如意!

　　如果您需要了解研究结果,请留下您的联系方式:

　　姓名:＿＿＿＿＿＿电子信箱(E-mail):＿＿＿＿＿＿＿＿

附录 2 调查问卷

关于湖北经济学院校园快递服务质量的调查问卷

亲爱的朋友：

您好!

非常感谢您能抽出宝贵时间参加此次问卷调查! 这是一份调研校园快递服务质量的学术性问卷,本次问卷旨在提高我校快递服务质量。该问卷采用匿名形式,您所提供的信息仅用于学术研究,绝不会作他用或向任何第三方披露,请放心回答,希望您能真实表达自己的意愿想法,在此衷心感谢您的支持!

答题方式: 选择您认为符合的选项。

1. 您的性别是( ) [单选题] *

○男

○女

2. 您的年级是( ) [单选题] *

○大一

○大二

○大三

○大四

3. 您每月使用快递的次数为( ) [单选题] *

○0 ~ 2次

○3 ~ 5次

○6 ~ 8次

○9次及以上

4. 您所知道的校园快递服务有( )[多选题] *

○湖经大师兄以下校园快递服务特指湖经大师兄、快递老爷爷、锦程速递等专门提供从快递点送到学生手中的校园配送服务的组织。

○快递老爷爷或快递阿姨以下校园快递服务特指湖经大师兄、快递老爷爷、锦程速递等专门提供从快递点送到学生手中的校园配送服务的组织。

○锦程速递以下校园快递服务特指湖经大师兄、快递老爷爷、锦程速递等专门提供从快递点送到学生手中的校园配送服务的组织。

○其他＿＿＿＿＿＿＿＿

5. 您在学校是否使用过校园快递服务( )[单选题] *

○是

○否

6. 若您选择自取或请他人代取而不使用校园快递服务,请选择 3 个最重要的原因( )[多选题] *

○不用付费

○快递点很近

○时间灵活

○包裹安全度高

○个人信息安全

○不知道上述校园快递服务

○其他＿＿＿＿＿＿

7. 您选择使用校园快递服务最重要的 4 个原因是( )[多选题] *

○没有时间取快递

○距快递点远

○价格合理

○可以送货上门

○送货人员可信度高

○收寄件准时

○极端天气情况

8. 接下来的问题主要是针对您在选择校园快递服务时所感受到的服务质量等级,请选择您认为最合适的同意程度。

	完全不同意	基本不同意	有点不同意	一般	有点同意	基本同意	完全同意
收件收费合理	○	○	○	○	○	○	○
上门服务的收费合理	○	○	○	○	○	○	○
订单响应速度快	○	○	○	○	○	○	○
配送包裹及时	○	○	○	○	○	○	○
按时送达目的地	○	○	○	○	○	○	○
送货对象准确	○	○	○	○	○	○	○
配送包装完好无损	○	○	○	○	○	○	○
配送商品完好无损	○	○	○	○	○	○	○
快递服务态度好	○	○	○	○	○	○	○
信息沟通交互性强	○	○	○	○	○	○	○
送货人员对顾客的请求回应迅速	○	○	○	○	○	○	○
发出订单方便快捷	○	○	○	○	○	○	○
签收时间、地点灵活方便	○	○	○	○	○	○	○
送货方式多样	○	○	○	○	○	○	○

9. 除以上所列指标,您认为是否还有其他原因影响您选择校园快递服务? [填空题]